Wolfgang Würz



# Sechs blinde Männer und der Elefant

## Eine Tatsachenerzählung über den islamistischen Terrorismus

*„Sieh dir die einzelnen an, überschau die Gesamtheit: keiner, dessen Leben nicht auf morgen berechnet wäre. ‚Was ist denn dabei Schlimmes?' fragst du. Unendlich viel. Denn man lebt nicht, man ist nur immer auf dem Sprunge zu leben. Man verschiebt alles. Selbst wenn wir recht hätten, würde das Leben doch immer uns voraus sein; so aber, mit unserem Säumen, lassen wir es wie ein fremdes an uns vorübergehen, und am letzten Tage wird es nur beschlossen, verloren geht es an jedem."*

Seneca, S III 154 ep 45

# Vorwort des Verfassers

In den letzten neun Jahren meines Berufslebens als Kriminalbeamter des Bundeskriminalamtes wurde ich häufiger gebeten zu erklären, was den „islamistischen Terrorismus" denn nun ausmache. Welche Besonderheit diese Kriminalität von anderen Verbrechen unterscheide. Man erwartete dann von mir eine kurze, treffende Beschreibung in drei bis vier Sätzen. Schließlich war ich für dieses Kriminalitätsfeld zuständig.
Doch es fiel mir oft schwer, dieser Erwartung zu genügen.
Wenn ich es recht bedenke, ist es mir selten gelungen, eine kurze Antwort mit einer befriedigenden Beschreibung zu Stande zu bringen. Und oft erkannte ich in den Mienen meiner Gesprächspartner eine gewisse Ratlosigkeit ob meiner Erklärungsversuche.
Dann wünschte ich mir insgeheim, mehr Zeit und Gelegenheit zu haben, dieses Thema umfassender darzustellen.
Gut die Hälfte meiner beruflichen Arbeit hatte ich es mit Terrorismus zu tun; zuerst mit dem deutschen Linksterrorismus, dann mit den Aktivitäten irischer Terroristen in Deutschland und schließlich mit dem islamistischen Terrorismus.
Dabei standen die unmittelbaren Erfordernisse der praktischen polizeilichen Ermittlungsarbeit stets im Vordergrund; und doch wuchs im Laufe der Jahre eine eigene Betrachtung zum Terrorismus, den Tätern und deren Motivation. Und es kam der Wunsch auf, sich abseits beruflicher Notwendigkeiten mit dem Thema und den dahinter liegenden Strukturen auseinanderzusetzen: Gibt es regelmäßige Abläufe in Gesellschaften, die zu Terrorismus führen? Wenn ja, kann man diese Entwicklungen erkennen, verändern oder verhindern?
Diese Gedanken gingen mir durch den Kopf, wenn ich in drei oder vier Sätzen eine Erklärung zustande bringen sollte. Drei Sätze, das sind gerade mal knapp einhundertvierzig Zeichen,

soviel wie den Menschen heute beim Twittern zugestanden werden, um etwas auszudrücken:
„Helicopter hovering above Abbottabad at 1AM (is a rare event)."
Der Tweet „Helikopter schweben um ein Uhr nachts über Abbottabad (das passiert selten)" des pakistanischen Informationstechnikers Sohaib Athar war für *Die Zeit* der Tweet des Jahres 2011.[1]
Athar konnte dies natürlich nicht ahnen, als er voller Unmut die Zeilen eintippte. Er war für einige Tage nach Abbottabad gefahren, etwa sechzig Kilometer nördlich von Islamabad, der Hauptstadt Pakistans. Ruhe und Erholung wollte er für ein paar Tage genießen. Ausgerechnet in dieser Nacht störten ihn die ungewohnten, lauten Geräusche von Helikoptern.

11 380 Kilometer nordwestlich von Abbottabad trat am 1. Mai 2011, um 23:35 Uhr dortiger Zeit, der Präsident der Vereinigten Staaten von Amerika im East Room des Weißen Hauses vor die laufenden Kameras:
„Good evening. Tonight, I can report to the American people and to the world that the United States has conducted an operation that killed Osama bin Laden, the leader of al Qaeda, and a terrorist who's responsible for the murder of thousands of innocent men, women, and children.
It was nearly 10 years ago that a bright September day was darkened by the worst attack on the American People in our history."[2]
Eine Kommandoaktion amerikanischer Spezialkräfte in Pakistan hatte nach über zehnjähriger Jagd zum Erfolg geführt. Der meistgesuchte Terrorist der Welt und Führer von al-Qaida war erschossen worden. In Abbottabad, einem beschaulichen Provinzstädtchen, etwa sechzig Kilometer von Pakistans Hauptstadt Islamabad entfernt.

1 Die Zeit Nr. 1, 29. Dezember 2011, S. 20.
2 Phillips, Macon, 2. Mai 2011, www.whitehouse.gov.

Abbottabad ist in Pakistan auch bekannt, weil sich dort eine wichtige pakistanische Militärakademie befindet. Das Militär bestimmt den Pulsschlag dieser Verwaltungsstadt. Am Rande dieser Stadt, in einem ruhigen, eher besser situierten Viertel, hatte Osama bin Laden in einem unauffälligen Anwesen mit Teilen seiner Familie und Gefolgschaft seit längerem gelebt. Von dort aus hielt er Kontakt mit seinen Getreuen in den Kampfgebieten in Afghanistan und anderen Teilen der Welt.

Einen Tag danach titelte die viel gelesene englischsprachige pakistanische Zeitung *Dawn*: „Was Osama killed by US troops or his own guard?"[3]
Doch die meisten Kommentatoren waren sich sehr wohl darüber im Klaren, dass der Tod von Osama bin Laden, einem seiner Söhne und dreier Leibwächter unmittelbare Folge einer geheimen amerikanischen Operation von Navy Seals und CIA-Agenten war.
Man spürte in den Kommentaren der Zeitungen und im Fernsehen die Betroffenheit, dass der weltweit gesuchte Führer von al-Qaida in einer zweistöckigen Villa im Herzen von Pakistan lebte, umgeben von Familienangehörigen, Beratern und Leibwächtern. Mehr noch, Pakistan war schockiert, dass die USA in ihrem Land eine derartige Aktion durchführen können, ohne dass dies bemerkt wurde und ohne dass pakistanische Autoritäten eingebunden waren.

War das das Ende von al-Qaida und dem islamistischen Terrorismus?

Das gewaltsame Ende Osama bin Ladens und die mysteriösen Begleitumstände bestärkten mich, sich mit dem vielfältigen Phänomen Terrorismus auf eine andere Art und Weise auseinanderzusetzen, als ausschließlich von Berufs wegen. Und ohne

3 Khan, Ismail: Was Osama killed by US troops or his own guard? In: Dawn, Nr. 122, 3. Mai 2011, S. 1.

die Ambition, eine Expertensicht mit scheinbar wissenschaftlichen Ergebnissen zu präsentieren.

Die Nacht von Abbottabad und die Tage danach weckten Zweifel: Gibt es eine Wahrheit? Oder gibt es nicht viele Wahrheiten, aus vielen verschiedenen Blickwinkeln? Ludwig Börne formulierte für sich einmal den Anspruch, „die Bettdecke ein Stück von der schlummernden Wahrheit wegzuziehen."[4] Doch von welcher Wahrheit?
Gerade bei dem Thema islamistischer Terrorismus sind Sichtweisen und Erklärungen oft sehr unterschiedlich.
So wie auch die Standpunkte der jeweiligen Betrachter oder Experten aus vielen Gründen unterschiedlich sein können. „Wahrheiten" sind geprägt von den jeweiligen eigenen Zielen, von den oft nur bruchstückhaft vorhandenen Informationen und nicht zuletzt von tief sitzenden Ressentiments.

Der erste Schritt einer Annäherung an eine denkbare Wahrheit ist die Wahrnehmung an sich: Das Ereignis ist etwas besonderes, es verdient unsere Aufmerksamkeit.
Erst dann folgt eine Einbettung in mögliche Zusammenhänge und das Beobachten von Wechselwirkungen zwischen Aktionen und Reaktionen. Für mich beginnt ein Verstehen in diesem Sinne oft mit einem Gefühl, dass das Ereignis meiner ungeteilten Aufmerksamkeit bedarf. Später entwickelt sich eine Ahnung möglicher Zusammenhänge, ohne diese tatsächlich zu kennen.
Daraus entwickeln sich grobe Bilder, die der weiteren Betrachtung bedürfen. Wie bei einem Besuch in einem Museum schaut man sich dabei die Bilder aus unterschiedlichen Entfernungen und Winkeln an. Man bekommt ein Gefühl für das Bild, für das Ereignis.

---

4 Ludwig Börne, geb. am 06.05.1786 in Frankfurt am Main, gest. in Paris am 12.02.1837; von 1811 bis 1815 Polizeischreiber bei der Frankfurter Polizei.

Intuitive Abläufe begleiteten mich ein berufliches Leben lang und ich vertraue auch heute noch darauf. Für mich war und ist Intuition dadurch gekennzeichnet, dass man eigenen Erfahrungen und Gefühlen vertraut, diese aber stets aufs Neue an der aktuellen Situation überdenkt und prüft. Ein wichtiges Moment von Intuition ist auch das Wagnis eines Versuchs, um den geeigneten Lösungsweg zu finden, ohne dabei mögliche Risiken auszublenden.

In solchen Momenten der Suche nach neuen Wegen, bekommt man manchmal Unterstützung durch unvorhergesehene günstige Gelegenheiten.
Es geschah in diesem Fall beim Studium eines Vortrags eines amerikanischen Kollegen: Als Einstieg zu einem Vortrag über Terrorismus nutzte er eine Zeichnung von einem Elefanten und sechs Männern, die den Elefanten an unterschiedlichen Stellen betasten.
Die Skizze war überschrieben mit dem Titel *six blind men and the elephant*. Das Bild illustrierte eine alte indische Fabel, bei der es darum geht, unterschiedliche Betrachtungen einer Sache darzulegen.
Gleich, bei der ersten Begegnung mit dem Bild, schien mir diese Fabel ein geeigneter Weg zu sein, um sich dem Phänomen islamistischer Terrorismus zu nähern.
Wie in dem Gleichnis von den sechs blinden Männern, wollte ich die Lebenswege von sechs Personen erzählen, aus unterschiedlichen Regionen, mit unterschiedlicher Herkunft, Erziehung und mit unterschiedlichen Lebenszielen.
Eines sollte ihnen jedoch gemeinsam sein: die unmittelbare Nähe zum islamistischen Terrorismus. Ihre Lebenswege verknüpfen sich auf unterschiedliche Weisen mit dieser Ideologie. Eingebettet in tatsächliche historische Ereignisse sollte deren fiktives Leben vom islamistischen Terrorismus geprägt und erzählt werden: ein al-Qaida-Kämpfer, ein amerikanischer Geheimdienstler, ein pakistanischer Offizier, ein afghanischer

Feldkommandant, ein deutscher Dschihadist und ein deutscher Staatsanwalt.[5]

So führte die Suche nach einem Weg zum näheren Verständnis des islamistischen Terrorismus zu den sechs blinden Männern und dem Elefanten.

5 Die sechs „blinden Männer“ sind fiktive Charaktere. Die Ereignisse, die sie erleben und teilhaben orientieren sich an dokumentierten Fakten und beziehen sich auf öffentlich zugängliche und berichtete Nachrichten. Die Personen sind frei erfunden und ein Zusammentreffen mit Personen der Zeitgeschichte, wie beispielsweise Osama Bin Laden, hat niemals stattgefunden. Jede Ähnlichkeit mit lebenden oder verstorbenen Personen ist rein zufällig.

# Prolog

Der Februar 1998 war für England außergewöhnlich mild, ja geradezu warm. 19.7 °C wurden vom Greenwich Observatorium für den 13. Februar festgehalten. Es war der bislang wärmste Tag in einem Februar in England.
Zehn Tage später, am 23. Februar 1998, trafen sich maßgebliche Autoritäten des islamistischen Dschihad in London. Unter ihnen auch Osama Bin Laden und Aiman Al-Zawahiri. Sie vereinbarten ein gemeinsames Bündnis gegen ihre Feinde, den Westen und die von ihm unterstützten Staaten der islamischen Welt.
Bin Laden und Al-Zawahiri unterzeichneten mit anderen islamistischen Aktivisten die Erklärung der Internationalen Islamischen Front für den Heiligen Krieg gegen die Juden und Kreuzfahrer:
„Die Amerikaner und ihre Verbündeten zu töten, ob Zivilisten oder Soldaten, ist eine Pflicht für jeden Muslim, der es tun kann, in jedem Land, wo er sich befindet, bis die al-Aqsa-Moschee und die große Moschee in Mekka von ihnen befreit sind, bis ihre Armeen alle muslimischen Gebiete verlassen, mit gelähmten Händen, gebrochenen Flügeln, unfähig, einen einzelnen Muslim zu bedrohen."[6]
Die Unterzeichner verließen London unbehelligt.
Ein halbes Jahr später ließen sie Taten folgen. Am 7. August detonierten gegen 10:30 Uhr in Nairobi/Kenia und Daressalam/Tansania mehrere Autobomben. Die Ziele der Terrorattacken waren die Botschaften der USA in den beiden ostafrikanischen Staaten. 224 Menschen fanden den Tod, Tausende wurden verletzt. Viele von ihnen schwer. Zwölf Tote sind US-Amerikaner. Alle anderen Opfer sind Afrikaner.

6 Deutsche Übersetzung zitiert aus Kepel, G. / Milelli, J.-P. (2006), Al-Qaida -Texte des Terrors-, München/Zürich.

Weitere Angriffe sollten folgen: Am 11. September 2001 führte al-Qaida den ultimativen Terrorschlag gegen die USA auf deren eigenem Territorium. *9/11* war wohl der folgenreichste Terroranschlag seit dem 28. Juni 1914, der Ermordung des österreichischen Thronfolgers Erzherzog Franz Ferdinand in Sarajevo, der zum Ersten Weltkrieg führte.

Der Angriff auf die Twin Towers in New York hatte aber noch eine ganz eigene, suggestive Wirkung auf die Menschen, die rund um den Globus die Ereignisse live an Bildschirmen verfolgten.
Diese Wirkung, der *9/11*-Effekt, entstand durch ein synchrones Erleben der Ereignisse über visuelle Medien, die heute in jeden Winkel der Erde hinein wirken. Live und in Farbe. Und selbst heute, in diesem Moment, kann fast jeder, den man danach fragt, genau berichten, was er gerade gemacht hatte, als er *9/11* erlebte.

Die meisten Menschen, die über dieses Ereignis und ihre Empfindungen sprechen, berichten, dass sie sofort ein Gefühl ängstigte: Das ist Krieg! Dieser Anschlag wird weltweit unabsehbare Folgen haben.
Und diese Angst hat die Menschen nicht getrogen; die unabsehbaren Folgen sind eingetreten.

# Das Gleichnis

„It was six men of Indostan to learning much inclined,
who went to see the Elephant (though all of them were blind)
That each by observation might satisfy his mind.
[...]
So oft in theologic wars, the disputants, I ween,
Rail on in utter ignorance, of what each other mean,
And prate about an Elephant not one of them has seen!“[7]

Die prägnante Kurzform des Gleichnisses stammt in dieser Versform von dem amerikanischen Poeten John Godfrey Saxe. Das uralte Gleichnis ist in Südasien, wahrscheinlich in Indien, entstanden. Da es im Laufe der Jahrhunderte jedoch immer weiter mündlich überliefert und an andere Kulturen, Religionen und Länder angepasst und manchmal auch verändert wurde, verwundert es nicht, eine englischsprachige Fassung wie die von Saxe aus dem 19. Jahrhundert, zu finden.
Das Gleichnis entstammt ziemlich sicher einem religiösen Kontext, es wird in seiner ursprünglichen Version im Buddhismus oder Hinduismus vermutet.
Aus diesem Zusammenhang heraus erschien es mir für das Thema islamistischer Terrorismus geeignet. Denn auch hier geht es um die Deutung einer Erscheinung, die eng mit Religion verwoben ist.

Doch worum geht es in der Geschichte von den sechs blinden Männer und dem Elefanten?
Schon Muhammad Rumi, geboren 1207 in Balch im mittelalterlichen Chorasan, das im heutigen Afghanistan liegt, nutzte und erzählte das Gleichnis, um deutlich zu machen, dass es

7 Saxe, John Godfrey: "The blind men and the elephant"; the poems of John Godfrey Saxe. URL: http://de.wikipedia.org/wiki/Die_blinden_Männer_und_der_Elefant.

viele unterschiedliche Sichtweisen geben kann, gerade wenn es um die Auslegung und Interpretation religiöser Texte gehe. Rumi selbst studierte islamische Wissenschaften an der Universität in Konya, das in der heutigen Türkei liegt. Er gilt als ein bedeutender persischsprachiger Mystiker, Dichter und Lehrer des Sufismus, einer spirituellen, asketischen Strömung des Islam.
Ihm ging es bei seinen Erzählungen um eine Kernbotschaft, nämlich der Erkenntnis wie relativ Wahrheit sein kann. Und wie wichtig dabei der Standpunkt oder Blickwinkel ist, von dem aus die behauptete Wahrheit berichtet wird. Betrachtet man die Bilder und Zeichnungen, die das Gleichnis darstellen, könnte man sich gut vorstellen, dass er die Geschichte vielleicht so erzählte:

In einem großen und reichen Fürstentum eines mächtigen indischen Rajas herrschte unter den Ratgebern des Fürsten und den Gelehrten des Reiches Uneinigkeit über die richtige Auslegung der Religion. Jeder von ihnen berichtete dem Fürsten eine eigene Interpretation der religiösen Texte. Stets gerieten sie in Streit darüber, wer von ihnen Recht hatte und jeder beharrte auf seiner Erkenntnis. Der Fürst war jedoch ein weiser Mann und beschloss, seinen Beratern eine Mahnung zu erteilen. Er befahl die streitenden Männer zu sich. Von seinen Dienern ließ er einen Elefanten und sechs blinde Männer aus seinem Reich ebenfalls in seinen Palast bringen.
Der kluge Raja ließ die blinden Männer an den Elefanten führen. Er forderte sie auf, den Anwesenden das Aussehen des Elefanten zu beschreiben. Die Männer betasteten das Tier an verschiedenen Stellen. Der erste von ihnen verkündete: „Ein Elefant ist rund. Er sieht aus wie ein Baum.“ Dieser Blinde hatte ein Bein des Elefanten umfasst. Der Zweite meinte: „Nein, falsch, ein Elefant sieht aus wie ein Besen mit Borsten am Ende.“ Er hatte den Schwanz des Elefanten betastet. Der Nächste rief aus: „Nein, nein, ein Elefant sieht aus wie eine

Schlange!“ Er hatte intensiv den Rüssel des Tieres befühlt. Der vierte Blinde behauptete: „Ein Elefant ist doch wie ein Rattanfächer, flach und biegsam.“ Dieser Mann hatte das Ohr des Elefanten ergriffen. Der fünfte blinde Mann wandte sein Gesicht mit einem ärgerlichen Ausdruck in Richtung der anderen Männer und führte im Brustton der Überzeugung aus: „Wie wenig ihr erkennt, ein Elefant ist groß und voller Furchen, wie ein unpolierter Felsen.“ Dieser Mann stand an der Seite des Tieres. Voller Unverständnis proklamierte der sechste blinde Mann: „Ganz falsch, der Elefant ist glatt und spitz zulaufend wie ein Horn.“ Er befingerte einen Stoßzahn.
Der Fürst erklärte ihnen und den Anwesenden: „Jeder von euch Sechs hat die Wahrheit gesagt, so wie er sie wahrgenommen hat. Nur habt ihr verschiedene Teile des Tieres ertastet und unterschiedliche Erkenntnisse berichtet.“
So demonstrierte der kluge Fürst seinen Ratgebern und den Weisen seines Reiches, wie vielfältig Wahrheit sein kann, wenn sie aus unterschiedlichen Sichtweisen betrachtet und erklärt wird. Wahrheit ist also nicht absolut; denn was für den Einen wahr ist, ist für den Anderen eine Lüge. Und doch haben beide für sich den Anspruch im Recht zu sein. Die Kontrahenten haben erfahren, dass es unterschiedliche Wahrheiten gibt, die einen Anspruch haben, beachtet zu werden. Es gibt viele Wahrheiten.[8]

Rumi war der Überzeugung, dass das Universum ein harmonisches Ganzes ist. Alles steht nach seiner Lehre mit allem in Beziehung; die Liebe zu Gott ist das verbindende Element. So nutzte auch Rumi das Gleichnis, um darzustellen, wie das Ganze, der Elefant, durch verschiedene Interpretationen unterschiedliche Gestalten erhält.
In der nachempfundenen Erzählung hatte der Fürst die Aufgabe, diese Bilder zusammenzuführen und ein harmonisches

8 Anm.: Das Gleichnis wird in einer Vielzahl von Variationen nacherzählt.

Ganzes zu bilden. Sonst beharrten die einzelnen blinden Männer auf ihren Berichten und würden sich über ihre unvereinbaren Eindrücke hin zerstreiten. So wie Rumi es in seiner Zeit wiederholt bei Interpretationen von Religion erfahren hatte. Konflikte wären dann die unvermeidliche Folge. Und auch dies hatte Rumi leidvoll erfahren.

Diese Geschichte hat bis heute nichts von ihrer Aktualität eingebüßt. Das Gleichnis wird nicht nur bei unterschiedlichen Betrachtungen religiöser Sichtweisen als warnendes Beispiel herangezogen. Vielmehr gilt dies für viele Wissensbereichen, in denen sich Experten und Gutachter über verschiedene Auslegungen einer Sache oder eines Sachverhaltes streiten.
Sie ist jedoch geradezu prädestiniert, um den islamistischen Terrorismus mit seinen religiösen Wurzeln und Verflechtungen verstehen zu lernen, und eine tiefer liegende, allgemeingültige Struktur des Terrorismus zu erkennen.

# Sechs blinde Männer

## Anwar Abd al-Rahman, Gründungsmitglied von al-Qaida

1.

Anwar Abd al-Rahman wurde im Spätherbst 1958 in Paris geboren. Sein Vater Ibrahim Muhammad al-Rahman war damals ein ranghoher Offizier in der königlichen jemenitischen Armee und hatte über die Familie von Anwars Mutter, eine seiner Hauptfrauen, gute Kontakte nach Frankreich und zu dort lebenden Exiljemeniten. Sie wohnten ganz in der Nähe der heutigen Botschaft des Jemen in Paris, in der Rue George Bizet. Aufgrund der instabilen Lage im Jemen erschien es Muhammad al-Rahman besser, wenn seine schwangere Frau in sicheren Verhältnissen den von ihm ersehnten Sohn zur Welt bringen könnte.
Er selbst blieb im Jemen und hielt zu jener Zeit dem Herrscher Imam Ahmad und dem zaiditischen Königshaus noch unverbrüchliche Treue. War er doch einer der herausragend tapferen Offiziere, die entscheidend waren für die Niederschlagung des Aufstandes von 1948 gegen Imam Ahmads Vater Imam Yahya. Seine Ermordung konnten sie allerdings nicht verhindern.
So verbrachte Anwar nach seiner Geburt zunächst zwei ruhige und behütete Jahre in Paris, in angenehmer und fürsorglicher Umgebung wohlhabender jemenitischer Familien. Für die Frauen war Paris zu dieser Zeit das Paradies. Wie in ihrem Land üblich, trugen sie zwar stets ein verhüllendes Kopftuch, den Niqab, doch sie kombinierten ihn hier eher mit eleganter Kleidung und nicht mit dem Tschador. Das alleine reichte schon aus, um die Blicke anderer Menschen auf sich zu ziehen.

Sie störten sich nicht daran, eher im Gegenteil, sie fühlten sich durch die neugierigen Blicke der anderen Menschen als etwas Besonderes. In gewisser Weise gefiel ihnen diese Aufmerksamkeit. In den teuren Geschäften, in denen sie einkauften, war ihnen eine ausgesuchte Betreuung gewiss.

Um 1960 herum hatte sich trotz aller Wirren und Kämpfe die Lage im Nordjemen soweit stabilisiert, so dass Muhammad al-Rahman die Rückkehr von Mutter und Sohn anmahnte, zumal er zwischenzeitlich seine eigene Position im Machtgefüge des Militärs gefestigt hatte.

Er war zu einem engen Vertrauten von General as-Sallal aufgestiegen. Allerdings hatte sich in Folge dieser veränderten Situation wiederum das Verhältnis von Anwars Vater Muhammed al-Rahman zum Königshaus verändert, oder besser gesagt eingetrübt.

Immer deutlicher traten im Jemen nach der Niederschlagung der Revolten von 1948 und 1955 unterschiedliche religiöse Auffassungen zwischen dem schiitisch-zaiditischen Königshaus und dem Offizierskorps, das überwiegend aus sunnitischen Schafiiten bestand, zu Tage.

Religiöse Differenzen spielten nach der Gründung des jemenitischen Königshauses 1918 zunächst keine besondere Rolle; da stand die Behauptung einer eigenen, jemenitischen Identität, insbesondere gegenüber dem großen Nachbarn Saudi-Arabien, im Vordergrund. Erst nach und nach, einhergehend mit der Festigung der eigenen Machtstellung und den Fragen nach der weiteren politischen Entwicklung des Königreiches, traten auch stärker grundsätzliche religiöse Dispute auf.

Der König, Imam Ahmad, bildete aufgrund seiner persönlichen Autorität und der ihm geltenden Loyalität der Offiziere noch eine starke Klammer zwischen den auseinander driftenden Positionen.

Bereits kurz nach seinem Tode 1962 sah General as-Sallal seine Zeit für gekommen. Er stürzte mit ihm ergebenen nationalistisch-sunnitischen Offizieren die zaiditische Monarchie.

Gemeinsam proklamierte der Militärrat im Norden des Landes die Jemenitische Arabische Republik. General as-Sallals enger Vertrauter Oberst al-Rahman stand ihm während des folgenden achtjährigen Bürgerkriegs so loyal zur Seite, wie er es zuvor mit Imam Ahmad gehalten hatte. Die persönlichen Loyalitäten überlagerten für Oberst al-Rahman stets inhaltliche oder religiöse Spannungen. Es war immer die Person, der seine Gefolgschaft galt.

Anwar geriet somit nach seinem Frankreichaufenthalt bereits als kleiner Junge in tief greifende religiöse und politische Spannungen in seinem Heimatland. Entgegen der früheren Einschätzung seines Vaters war die Situation im Jemen nun alles andere als sicher und geordnet.
Anwar erlebte seinen Vater nur in wenigen Augenblicken, wenn dieser sich im Frauenhaus blicken ließ, und die Schar seiner Frauen und Kinder kurz begrüßte.
In den Zeiten des Bürgerkriegs war an einen geordneten, regulären Schulaufenthalt in keiner Weise zu denken. Vielmehr wurde Anwar ebenso durch die Erziehung und Betreuung seiner liebevollen Mutter und seiner Schwestern, wie auch durch einen Privatlehrer, geprägt.
Anwars Lehrer Faris stammte aus Palmyra in Syrien. Er war ein gebildeter Mann mit ausgesuchten Manieren; und er war ein charismatischer Prediger.
In jungen Jahren soll er bereits in Syrien mit den dortigen Muslimbrüdern, einer konservativen islamistischen Bewegung, in Kontakt gestanden haben.
In den zwanziger Jahren des vergangenen Jahrhunderts entstand mit den Muslimbrüdern in Ägypten die erste bedeutsame und einflussreiche islamistische Organisation, die sich unter der Führung des Lehrers Hassan al-Banna rasch auch in die Nachbarländer ausbreitete.
Seit ihrer Gründung 1928 durch al-Banna und sechs Arbeitern der Suezkanal-Gesellschaft expandierten die Muslimbrüder

rasant von einer religiösen Gesellschaft zu einer dominierenden politischen Organisation im arabischen Raum. Bereits Ende der dreißiger Jahre des vergangenen Jahrhunderts waren neben den starken Islamisierungstendenzen und der Propagierung des Dschihad auch antisemitische Kräfte wirksam. 1938 erschien *Die Todesindustrie*, ein zentrales Werk al-Bannas. In diesem Werk ist die Betonung einer stolzen Todesbereitschaft, ja sogar die Propagierung einer Todessehnsucht, ein beherrschendes Thema.

Faris hatte dieses Buch in seiner persönlichen Bibliothek stets in Griffweite liegen und las Anwar manchmal daraus vor. Oft zitierte er die Stelle, wo al-Banna die Abkehr vom Leben und das Märtyrertum verherrlichte: „Derjenigen Nation, welche die Industrie des Todes perfektioniert und die weiß, wie man edel stirbt, gibt Gott ein stolzes Leben auf dieser Welt und ewige Gunst in dem Leben, das noch kommt. Die Illusion, die uns gedemütigt hatte, besteht in nichts anderem als der Liebe zum weltzugewandten Leben und dem Hass auf den Tod."

Der charismatische Hauslehrer Faris verstand es außerordentlich gut, den jungen Anwar nicht nur von den Inhalten und den traditionellen Auslegungen des Koran zu überzeugen. Mehr noch, er begeisterte Anwar für die fundamentalistischen Interpretationen, so wie es ihn die Muslimbrüder lehrten. Sie nutzten den Koran sozusagen als politische Gebrauchsanweisung zur Machterlangung.

Mit ihrer Ideologie standen sie in den Gründerjahren in Konkurrenz zu Ideologien aus dem westlichen Kulturraum, Kommunismus und Kapitalismus; die Moslembrüder aber wollten eine eigene Identität schaffen, eine Identität, die der westlichen Mentalität überlegen sein sollte.

Diese fundamentalistischen, salafistischen Lehren übten eine starke Anziehung auf Anwar aus. Gaben sie doch auf so viele Dinge des Lebens einfache und klare Antworten.

Doch war er durch seine Familie und seine Freunde auch ganz anderen Einflüssen ausgesetzt. Der Vater sah vor allem eine militärische Ausbildung als wichtig an. Nach seinen Vorstellungen sollte sein Sohn Anwar ihm später in der jemenitischen Armee nachfolgen. So wie er seinem Vater in die Armee gefolgt war und dieser seinem Vater.

Auf die Frauen im Haus al-Rahman und die unmittelbaren Freunde aus anderen wohlhabenden Familien übten dagegen die westliche Kultur und Lebensart einen starken Reiz aus. Die Zeit in Paris hatte der Mutter außerordentlich gut gefallen. Trotz ihrer religiösen Erziehung und der von ihr akzeptierten traditionellen jemenitischen Gesellschaftsordnung, konnte sie gelegentliche Sehnsüchte nach anderen Umständen als die, die sie täglich umgaben, nicht ganz verheimlichen.
Und Anwar, ihr Lieblingssohn, spürte die ambivalenten Gefühle der Mutter nur zu gut. Zudem war er in einer privilegierten Situation und sich stets bewusst, dass sein Familienclan zur Elite im Jemen zählte.
Die ideologischen Bemühungen des Hauslehrers führten Anwar in die Nähe der Gedankenwelt fundamentalistische Eiferer, ohne dass diese jedoch unmittelbar in einer Konfrontation mit seiner Umwelt mündeten.
Vielmehr konnte Anwar zunächst dem Wunsch des Vaters nach einer militärischen Ausbildung viel abgewinnen; war er doch von Natur aus sportlich veranlagt und hatte eine gehörige Portion Abenteuerlust im Blut.
Schon mit jungen Jahren wurde er auf der militärischen Kadettenschule angenommen und absolvierte dort die Schule, verbunden mit einer soliden militärischen Ausbildung. Mit achtzehn Jahren hatte er alle erforderlichen Prüfungen erlangt, um den weiteren Lebensweg zu planen. Anwar war nun ein gut aussehender junger Mann aus gutem und begütertem Hause. Auch bei den Mädchen blieb dies nicht unbemerkt. Und Anwar war sich seiner Wirkung in dieser Hinsicht sehr wohl bewusst.

Im Jemen hatten sich zwischenzeitlich die Dinge nicht wirklich zum Besseren gewendet. Nach dem Sturz von General as-Sallal ereigneten sich Regierungswechsel und Mordanschläge auf die jeweiligen Machthaber in regelmäßiger Folge.
Anwars Vater war zum General in der Armee und zu einem der wichtigsten und einflussreichsten Männer im Nordjemen aufgestiegen. Er befehligte die Spezialkräfte für besondere Einsätze. In seinen Einheiten waren die Elitesoldaten des Jemen versammelt, die ihrem General in hoher Loyalität verbunden waren. Al-Rahman hatte gewissermaßen eine eigene militärische Hausmacht.
General al-Rahman war aber ebenso gut mit den Stämmen im Norden vernetzt, wie innerhalb des Militärs.
Auch wenn er zu jener Zeit einer der Repräsentanten des modernen, dem Westen gegenüber aufgeschlossenen und sunnitisch geprägten Teil des Jemen war, hatte er immer darauf geachtet, dass seine exzellenten Verbindungen zu den schiitischen Stämmen intakt blieben. Seine langjährige Treue zum Königshaus war dort nicht vergessen.
Aber ihm war natürlich klar, dass die Situation im Jemen alles andere als stabil war. Dazu kamen verstärkte Konflikte mit dem sozialistisch ausgerichteten Süden, wo sich die Volksrepublik Südjemen stark an kommunistischen Staaten orientierte.
Alles in allem erschien es ihm daher geraten, Anwar zur weiteren Ausbildung in ein westliches Land zu schicken. Obwohl Anwars Mutter bei diesen Überlegungen versuchte, ihren Mann mit sanften Hinweisen in Richtung Europa und vor allem Frankreich zu dirigieren, setzte sich dieser mit dem Wunsch nach einem Studium in den USA letztlich durch. Auch war ihm sehr daran gelegen, dass Anwar ein Ingenieurstudium absolvierte. Dies hielt er für eine zukunftsträchtige Investition, sowohl für Anwar und die Familie, als auch für den Jemen. Er wünschte sich, dass Anwar, nach seinem Studium in Amerika, im Jemen eine wichtige Rolle spielen werde.

2.

Im Sommersemester 1977 schrieb sich Anwar an der Boston University für Ingenieurwissenschaften mit dem Ziel Bauingenieur ein. Die Bostoner Universität war eine der renommiertesten Hochschulen in den USA.

Der Familie war es sehr wichtig, dass Anwar nicht nur eine gute, sondern auch eine repräsentative Ausbildung erhalten sollte.

An finanziellen Mitteln mangelte es nicht und so trat Anwar die Reise an die Ostküste der USA an. Er freute sich auf neue Herausforderungen in einem fremden Land.

Die Familie hatte für Anwar über gute Beziehungen nach Amerika schon im Vorfeld ein Apartment ordern lassen, damit er sich auch wirklich wohl fühlen solle und seine ganze Aufmerksamkeit dem Studium widmen könne.

Anwar war zunächst überwältigt von den Eindrücken in Boston und von der Universität, eine der ältesten und ehrwürdigsten privaten Hochschulen des Landes. Doch er spürte schnell, dass er hier nur einer von vielen war und ihm keine privilegierte Stellung zukam, wie er es von zu Hause kannte. Vielmehr verspürte er eher Ablehnung und Distanz der anderen, zumeist weißen, Studierenden.

In den ersten Monaten seines Studienbeginns gab es dazu noch eine andauernde Diskussion über islamistische Umtriebe in den USA.

Die hitzigen Debatten hatten unmittelbar mit einem blutigen Zwischenfall aus dem März 1977 zu tun: eine Gruppe afroamerikanischer Muslime unter der Führung eines gewissen Abdul Khaalis hatte in Washington D.C. über hundert Geiseln genommen und dabei eine Geisel und einen Polizisten getötet. Khaalis und seine Männer forderten von der Regierung die Überlassung von fünf Muslimen, die vor allem wegen Mordes an mehreren von Khaalis Kindern verurteilt worden waren. Die fünf Männer sollten nach islamischem Recht bestraft und hingerichtet werden.

Khaalis forderte aber auch die Vernichtung des Filmes *Mohammed – der Gesandte Gottes*, der nach Ansicht der radikalen Moslems eine Gotteslästerung sei.
Die Geiselnahme wurde zwar mit Hilfe der Botschafter Ägyptens, Pakistans und des Irans ohne weitere Ermordungen von Geiseln beendet. Die Diskussion in den USA über das Selbstverständnis von insbesondere farbigen Muslimen wurde jedoch befeuert.

Als Anwar an einem Nachmittag in der Bibliothek der Universität unterwegs war, fiel ihm eher zufällig eine Ausgabe des U.S. Magazins *Time* aus dem März 1977 in die Hände. Die *Time* berichtete über die Geiselnahme und titelte in dieser Ausgabe: „Terrorism: The 38 Hours: Trial by Terror".
Erstmals erkannte Anwar durch diesen Artikel in großer Deutlichkeit, dass von westlichen Medien Terrorismus und Islam in eine enge Verbindung gebrachte wurden. Die amerikanische Berichterstattung verkürzte die Situation auf eine simple Gleichung: Islam = Terrorismus.
Auf dem Campus der Universität hörte Anwar immer wieder in Gesprächen der Studenten die Aussage: „Das sind doch Terroristen, die gehören nicht zu uns."
Anwar hatte nun Schwierigkeiten, in dieser Welt seinen Platz zu finden; er war es von zu Hause aus gewohnt, täglich seinen religiösen Pflichten nachzukommen. Im Wesentlichen beschränkte sich dies auf die Rituale des Betens. Auch auf der Militärakademie in Sanaa wurde immer darauf geachtet, trotz der modernen und eher westlichen Grundausrichtung. Man sah darin jedoch keine Gegensätze. Im Gegenteil, die damalige militärische Führung im Jemen glaubte, moderne Ansichten und den traditionellen Glauben miteinander in Einklang bringen zu können.
Doch hier in Boston waren alle Abläufe an den Notwendigkeiten des Studiums und an amerikanischen Lebensgewohnheiten ausgerichtet. Seine Frage an der Universität nach

geeigneten Gebetsräumen führte bereits zu irritierten und argwöhnischen Nachfragen. Anwar spürte erneut und verstärkt seine Außenseiterrolle.
In seinen langen Briefen an die Mutter und die Familie berichtete er jedoch mit keinem Wort von diesen Schwierigkeiten; er wollte auf keinen Fall seinen Vater enttäuschen.
In Boston allerdings ging er mehr und mehr auf Distanz zu seinen Mitstudenten. Hatte er in den ersten Monaten noch mit Elan versucht, ihnen von seiner Heimat, von seinen Traditionen und seiner Religion zu berichten, so stellte er dieses Unterfangen bald ein. Er studierte eifrig, um so schnell wie möglich das Studium zu absolvieren.
An der Universität suchte er allerdings auch nach Gleichgesinnten, also nach jungen Muslimen, mit denen er sich in separierten Gesprächskreisen treffen konnte. Gemeinsam erkundete man auch islamische Gemeinden in Boston, und suchte dabei nach geeigneten Gebetshäusern.
Nun ging nach und nach die Saat auf, die Faris, der Hauslehrer in frühen Jahren bei Anwar gelegt hatte. In der von ihm zunehmend als feindlich erlebten Atmosphäre in Boston, fand Anwar Sicherheit und Halt in der salafistischen Auslegung des Korans, so wie es Faris ihn lehrte.
Und je stärker sich diese Hinwendung ausprägte, umso stärker suchte Anwar nun auch nach Rechtfertigungen für die Taten der Gruppe in Washington. Der Zwischenfall beschäftigte ihn seit seiner Ankunft, hatte er doch einen inneren Zusammenhang zwischen der Geiselnahme der muslimischen Täter in Washington und seiner eigenen religiösen Anschauung gesehen. Er konnte diesem inneren Konflikt nicht ausweichen, ihn aber für sich auch nicht befriedigend lösen.
Mehr und mehr ergriff er Partei für die islamische Gruppe von farbigen Amerikanern und suchte im Koran und dessen Auslegungen nach Gründen einer Rechtfertigung. Obwohl ihm dies nicht recht gelingen wollte, blieb für ihn eine emotionale Nähe zu Khaalis und seinen Leuten spürbar.

Dann kam ein langer Brief von seinem alten Hauslehrer aus der Heimat. Ihm gegenüber hatte sich Anwar als einzigem offenbart; ihm hatte er über seine Gefühle berichtet.
Faris schlug ihm in dem Brief vor, die kommenden Semesterferien zu nutzen, um eine Pilgerfahrt nach Mekka zu machen. Er bedrängte Anwar förmlich; die Einwilligung seines Vaters habe er sich auch bereits geben lassen. Anwar sagte zu.
Man wollte sich in Mekka im November 1979 treffen.
Bei ihrer Ankunft war es etwas wärmer als gewöhnlich - die Wetterlage wich nur leicht von den durchschnittlichen Werten zwischen 33 °C und 37 °C ab - für Anwar dennoch eine gewaltige Umstellung bei seiner Ankunft aus den USA.
Über 500 000 Pilger waren in der Großen Moschee, der al-Haram-Moschee, versammelt. Alle waren auf Pilgerfahrt. Ein überwältigendes Gemeinschaftserlebnis. Anwar fühlte sich aufgenommen in den Kreis der islamischen Gemeinde.
Am späten Nachmittag ihres Ankunftstages umrundeten über 150 000 Menschen den heiligen Stein, die Kaaba, den schwarzen Würfel. Sieben Mal ist der Stein zu umrunden, um den Geboten des Korans zu gehorchen.
Dann geschah das Ungeheuerliche: Der saudische Ex-Offizier Dschuhaiman Al-Utaibi und 500 Islamisten überfielen die Große Moschee und brachten hunderte Gläubige in ihre Gewalt. Al-Utaibi, ein fanatischer Muslim, der jahrelang in der saudischen Armee gedient hatte, prangerte den Verfall der Sitten in Saudi-Arabien an, forderte das Ende der Ölexporte in die USA und prophezeite die unmittelbare Ankunft eines neuen von Gott gesandten Messias, des Mahdi.
In den unterirdischen Gängen und Verliesen des Gebäudetraktes suchten tausende Gläubige Zuflucht vor den Angriffen der Terroristen. Doch dort befanden sie sich nun ebenfalls in deren Gewalt.
Anwar und Faris blieben in ihrem Hotel und verfolgten voller Zweifel das Geschehen. Faris erklärte Anwar die religiösen Hintergründe für diesen Anschlag auf das größte moslemische

Heiligtum; und Faris machte aus seiner Sympathie für die Forderungen der Islamisten kein Hehl. Anwar empfand dabei Parallelen zu der erst vor kurzem erlebten Situation in den Staaten. Noch konnten sich die beiden Pilgerfahrer nicht zur Abreise entschließen und warteten die weitere Entwicklung ab.

Auch der dritte Angriff der saudischen Armee am 22. November 1979 mit über 3000 Soldaten endet in einem Desaster. Saudi-Arabien bat nun Frankreich - nicht die USA - um sofortige Hilfe.
Schon einen Tag später machten sich drei französische Elitepolizisten der Spezialeinheit GIGN mit einem Flugzeug voller Gerätschaften und Waffen auf den Weg nach Mekka. Sie trainierten in Windeseile saudische Soldaten im Gebrauch von Sprengstoffen und Gaskartuschen. Eine Sondergenehmigung des Königshauses erlaubte es den Spezialisten den heiligen Ort zu betreten.

Die Überprüfungen und Kontrollen durch saudische Sicherheitskräfte wurden immer intensiver und aggressiver. Die in der Stadt spürbare Anspannung übertrug sich auf alle Polizisten, Militärs und Wachleute.
Faris und Anwar hielten es mittlerweile für besser, Mekka zu verlassen. Man trennte sich wieder. Faris kehrte in den Jemen zurück, Anwar flog in die USA. Er hielt sich über die weitere Entwicklung um die Ereignisse in Mekka durch die Medien auf dem Laufenden:
Die saudische Regierung teilte mit, dass 177 Besetzer, 127 Soldaten und 26 Geiseln ums Leben gekommen seien. Über sechshundert Menschen wurden schwer verletzt.
Al-Utaibi und seinen engsten Gefolgsleuten die überlebten, wurde der Prozess gemacht. Im Januar 1980 wurden sie in verschiedenen Städten Saudi-Arabiens enthauptet.

3.

Anwar kämpfte sich trotz aller Widrigkeiten durch sein Studium und schaffte nach drei Jahren die notwendigen Prüfungen, um als graduierter Bauingenieur in seine Heimat zurückzukehren. Der Familie und seinen Freunden fielen allerdings die deutlichen Veränderungen in Anwars Verhalten auf. Auch seine Einstellung zu politischen und religiösen Dingen nahm man mit einiger Verwunderung zur Kenntnis. Die Familie hatte sich von dem Studienaufenthalt in den USA eher Anwars gedankliche Annäherung an moderne westliche Vorstellungen erhofft.

Er erschien seiner Umgebung nun als ein sehr ernsthafter und nachdenklicher Mann. Seine jugendliche Unbekümmertheit und seine neugierige Entdeckungslust waren verloren gegangen. Anwar beschäftigte sich immer intensiver mit religiösen Studien.

Die Distanz zu seinem Vater und den politischen Zuständen im Jemen wuchs von Tag zu Tag. Doch bemerkte sein Vater die Veränderungen am wenigsten, zu sehr war er mit seinem eigenen Engagement für eine Vereinigung von Nord- und Südjemen und den damit verbundenen Konflikten beschäftigt.

Allerdings wunderte er sich über die Tatsache, dass sein Sohn zunehmend in traditioneller moslemischer Kleidung auftrat. Aber beide vermieden bei den wenigen gemeinsamen Treffen einen offenen Streit; die Harmonie in der Familie war ihnen einfach zu wichtig.

Noch bevor Anwar die von seinem Vater für ihn ausgesuchte Stellung im Ministerium für Bauentwicklung und Landwirtschaft antreten sollte, hatte er für sich einen folgenschweren Entschluss gefasst: Er beabsichtigte, sich in Peschawar freiwilligen Kämpfern gegen die sowjetische Okkupation Afghanistans anzuschließen.

Über seinen ehemaligen Lehrer Faris hatte er von Anwerbungen erfahren, die von dem so genannten *Maktab al-Chadamat*, dem Dienstleistungsbüro der arabischen Mudschahedin,

betrieben wurden. Die Aufrufe von Abdallah Azzam, dem Gründer des Büros, fanden in Saudi-Arabien und im Jemen große Resonanz.
Anfang der Achtziger hatte Azzam in Pakistan das Maktab al-Chadamat gegründet. Seit 1984 betrieb Azzam sein Dienstleistungsbüro gemeinsam mit Osama Bin Laden, Sohn eines millionenschweren saudischen Bauunternehmers mit jemenitischer Herkunft. Gemeinsam organisierten die beiden von Peschawar aus die finanzielle und personelle Unterstützung für den Kampf der Mudschahedin gegen die sowjetische Besetzung Afghanistans.
Anwar verheimlichte seine Pläne gegenüber der Familie. Und als er die Familie bat, noch vor dem Beginn seiner Tätigkeit im Ministerium einen Urlaub in Dubai machen zu dürfen, erfuhr er große Unterstützung von seinem Vater. Auch die Mutter freute sich über die scheinbare neuerliche Veränderung ihres Sohnes und erhoffte sich nach seiner Rückkehr auch eine baldige Hochzeit mit der von den Eltern ausgewählten Tochter eines einflussreichen Stammesfürsten.
Würde sich doch mit dieser Liaison auch der Einfluss und der Wohlstand der eigenen Familie weiter vermehren.

Doch Anwar hatte bereits alles für seine Reise nach Peschawar mit der Hilfe von Faris organisiert. Mittelsmänner hatten die Weiterreise von Dubai nach Pakistan gebucht.
Von Islamabad aus, Pakistans Hauptstadt, sollte Anwar dann mit dem Überlandbus bis Peschawar fahren. Dies war nicht einmal eine Tagesreise. In Peschawar hatte er eine Kontaktadresse von Freunden aus dem Jemen bekommen; dort würde man ihn dann an Azzam vermitteln oder ihn persönlich vorstellen.
Faris hatte Anwar vorsorglich noch ein langes Empfehlungsschreiben mitgegeben und dessen besondere Fähigkeiten und Gottgefälligkeit umfänglich beschrieben.

Anwar war schon von der Reise und den Treffen mit den Glaubensbrüdern begeistert; eine Euphorie erfasste ihn, wie er sie damals bei seiner Ankunft in Mekka erfahren hatte. Die Freundlichkeit und der Respekt, den er überall erfuhr, erfüllten ihn mit Genugtuung und mit Freude. Mit jeder Stunde, mit der er Richtung Afghanistan reiste, wuchsen seine Zuversicht und seine Überzeugung, den richtigen Schritt gegangen zu sein.
Peschawar war Treffpunkt von arabischen Mudschahedin aus vielen Ländern und in den Zeiten des afghanisch-sowjetischen Krieges der zentrale Ort des Widerstandes.
Die Stadt liegt am Fuße des Khyberpasses, der durch das Paschtunen-Gebiet nach Afghanistan führt. Das wunderschöne Tor zu Beginn der Straße über den Khyberpass erinnert ein wenig an den Triumphbogen in Paris. Schon viele Invasoren haben von hier aus versucht, Afghanistan zu erobern und waren gescheitert.
In den Zeiten des afghanisch-sowjetischen Krieges war Peschawar voll von Freischärlern, Geheimdiensten, Militärs, Hilfsorganisationen, Flüchtlingen und Profiteuren.
Auch viele junge Freiwillige von der arabischen Halbinsel kamen nach Peschawar. So fiel es Anwar nicht schwer, mit den meist gleichaltrigen oder jüngeren Männern in Kontakt zu kommen. Er war aufgrund seiner Herkunft und seiner Bildung für die anderen etwas Besonderes. Diese Anerkennung erfüllte ihn mit Stolz.

Das erste Zusammentreffen mit Azzam schien Anwar erfolgreich; wenngleich er zunächst mit ambivalenten Gefühlen das Hauptquartier des Dienstleistungsbüros verließ.
Azzam hatte ihm nach einem längeren Gespräch im Kreise einiger Vertrauter und dem obligatorischen Tee mit aller Höflichkeit bedeutet, dass er ihn nicht nach Afghanistan entsenden werde. Anwar war aufgrund seiner Erfahrungen und seiner guten Englischkenntnisse viel zu wertvoll für das

Rekrutierungsbüro, als dass man ihn an die Front gegen die Russen geschickt hätte.
Er werde nach einer gewissen Zeit des Lernens für wichtigere Dinge gebraucht. Welche das genau sein sollten, hatte Azzam ihm allerdings nicht eröffnet. Bei diesem Gespräch fiel Anwar einer der anwesenden Männer besonders auf, obwohl er sich nicht an dem Gespräch beteiligte. Der Mann war eher zierlich, er hatte weiche, ja fast frauliche Züge. Er beobachtete Anwar die ganze Zeit mit höchster Aufmerksamkeit und mit erkennbarem Wohlwollen. Und obwohl sie etwa gleichaltrig waren, strahlte dieser Mann eine unglaubliche Präsenz aus und wirkte wesentlich älter als Anwar selbst.
Erst beim Abschied sagte er einige Abschiedsworte zu Anwar, dem dabei auffiel, dass der Mann jemenitische Einfärbungen in seiner Aussprache erkennen ließ.

Noch am gleichen Abend erkundigte sich Anwar nach ihm und hörte, es handele sich um Osama Bin Laden, den Sohn eines schwerreichen Bauunternehmers aus Saudi-Arabien.
Natürlich hatte Anwar schon oft von der Saudi Binladin Group und deren geschäftlichen Aktivitäten gehört. Nun war ihm auch klar, woher die dialektische Einfärbung kam: Die Familie Bin Laden stammte aus dem Jemen. Sie war allerdings bereits vor Anwars Geburt nach Saudi-Arabien ausgewandert; die Familie war im Jemen ohne Einfluss oder Vermögen gewesen. Ja, man könnte sagen, sie gehörte eher der armen Mittelschicht an, die zur damaligen Zeit keine Chancen auf eine bessere Zukunft sah.
Doch zwischenzeitlich hatte sich Osamas Vater zu einem millionenschweren Unternehmer hochgearbeitet. Einen Teil seines eigenen, nach dem Tod des Vaters ererbten, Vermögens habe Osama nun eingebracht in die Finanzierung des Dienstleistungsbüros. Es ging unter den Freiwilligen das Gerücht um, er habe sich damit eine herausgehobene Stellung hinter Azzam gesichert.

Die Einarbeitung von Anwar ging die nächsten Tage gut voran. Er lernte die unmittelbaren Berater von Azzam kennen, machte mit ihnen gemeinsam Erkundungen in der Stadt. Schnell war er bekannt und auch anerkannt. Seine Auffassungsgabe und seine religiöse Bildung erleichterten ihm die Gespräche mit seinen Glaubensbrüdern. Er spürte allerdings auch, dass er den meisten intellektuell überlegen war. Seine Höflichkeit und seine traditionelle Erziehung ließen ihn jedoch stets im Hintergrund bleiben.

Bereits nach einigen Wochen wurde er erneut zu einem Tee bei Azzam eingeladen. Diesmal war die Runde etwas kleiner, dafür nahmen Männer an dem Gespräch teil, die für Anwar erkennbar herausgehobene Stellungen bekleideten. Neben Azzam war aus der ersten Runde nur Osama Bin Laden anwesend. Und wieder überzeugte er auch in dieser Runde durch seine souveräne und charismatische Erscheinung. Anwar war begeistert. Er durfte an einer Runde von Männern teilnehmen, die wesentliche Dinge besprachen für den Kampf gegen die Russen in Afghanistan. Mehr noch, man hatte ihn für Aufgaben von besonderer Wichtigkeit vorgesehen. An diesem Tag wurde ihm klar, dass Azzam und Bin Laden klare Pläne für die weitere Zukunft hatten. Die Männer hörten Azzam aufmerksam zu. Die Mudschahedin benötigten Waffen und Munition für ihren Kampf; nur mit den modernen und flexiblen Flugabwehrwaffen sei die Übermacht der Russen zu brechen.
Das Geld hierfür sei von den USA, den Saudis und arabischen Privatleuten zu beschaffen. Die Waffenkäufe könnten nur durch westliche Geheimdienste organisiert werden. Die Ausbildung an den Waffen solle dann im Grenzgebiet stattfinden, aber auf pakistanischer Seite und mit dessen Unterstützung. Dazu sollten Mudschahedin aus Afghanistan in die pakistanischen Stammesgebiete wechseln, und nach der Ausbildung mit den Waffen ins Kriegsgebiet zurückkehren. So sei ein steter Zufluss an ausgebildeten Kämpfern sichergestellt.

Azzam berichtete weiter, die wichtigsten Kontakte zu den Geheimdiensten seien bereits geknüpft und es gelte nun, die Arbeit aufzunehmen.
Anwar wurde bedeutet, dass er Osama bin Laden bei der Geldbeschaffung aus dem arabischen Raum als unmittelbarer Sekretär zur Hand gehen solle. Er solle als Kurier zwischen der Arabischen Halbinsel und Peschawar pendeln und Informationen und Dokumente überbringen. Welch eine Herausforderung.
Dann verließ Azzam für kurze Zeit das Haus. Bei einem Blick durch das Fenster erkannte Anwar, dass Azzam sich mit einem neu angekommenen Gast im Garten unterhielt. Beide machten den Eindruck guten Einvernehmens. Unter dem Überwurf des Gastes erkannte Anwar Uniformteile der pakistanischen Armee. Offensichtlich hatte er sich in aller Eile nur oberflächlich getarnt. Anwar schaute neugierig auf der anderen Seite des Hauses auf die Straße. Wenig oberhalb des Hauseingangs stand dann auch ein typisches Auto, wie es gerne von höheren Chargen der Armee für inoffizielle Treffen genutzt wurde. Der Fahrer lungerte in der Nähe scheinbar unbeteiligt herum, hatte aber den Wagen immer im Blick. Anwars suchendem Blick entgingen auch nicht die vier Männer, die sich in der Nähe eines Pick-up aufhielten. Er vermutete, dass es sich um die Leibwächter des Gastes handelte. Nun schaute sich Anwar den geheimnisvollen Gast etwas genauer an: Für einen Armeeoffizier eher untypisch, trug er einen dichten, längeren Bart, wie man ihn häufig bei religiösen Autoritäten sah. Der Bart war leuchtend weiß.

Doch der Tag war noch nicht zu Ende; nach dem gemeinsamen Essen gegen Abend blieben Azzam, Bin Laden und Anwar im Haus zurück. Azzam war im Laufe des Tages nicht entgangen, dass Anwar immer dann, wenn die Rede auf die USA kam, Ablehnung signalisierte. Er sprach nun Anwar direkt auf diese Gefühle an. Ihm war es wichtig, einen absolut verlässlichen

Mann an der Seite Osamas zu wissen und so begann eine lange Nacht voller religiöser Gespräche und Meinungen.
Anwar war zunächst erstaunt, wie sensibel Azzam diese Ablehnung erspürt hatte. Mit keinem Wort war Anwar zuvor darauf eingegangen. Doch jetzt, im kleinen Kreis, berichtete er von seinen Erfahrungen in den USA und an der Universität in Boston. Wie sehr es ihm zu schaffen machte, dass man Islam und Terrorismus dort in einem Atemzug nannte. Ist doch für ihn bis heute Terrorismus etwas Verwerfliches und Übles. Und doch sympathisiere er mit den Menschen, die - wenn auch mit Gewalt - sich für die Sache des Islam einsetzten. Für ihn sei dies sehr schwer zu verstehen, und es belaste ihn.
Osama hörte sehr aufmerksam zu, aber es war Azzam der antwortete. Der Dschihad sei eine Glaubenspflicht, die jedem Muslim obliege. Alle Muslime haben am Dschihad teilzunehmen, sei es persönlich oder durch Spenden und Hilfen. Und Dschihad bedeute immer bewaffneten Kampf gegen die Feinde des Islam. Und dieser Kampf sei eine Lebensaufgabe. Der Kampf in Afghanistan sei nur eine Etappe bis die islamische Gesellschaft und die Scharia verwirklicht sei.
Anwar bohrte weiter nach. Was verstehe denn Azzam unter Terrorismus? Und warum verwende der Westen den Begriff im Zusammenhang mit dem islamischen Kampf?
Osama und Azzam waren von der Hartnäckigkeit und dem wissbegierigen Nachfragen angetan. Osama bat um eine weitere Kanne Tee.
Azzam hatte eine heilige Wut darüber, dass die Mudschahedin, die in Afghanistan gegen die Sowjetunion kämpften, in den westlichen Medien als Terroristen bezeichnet wurden. Und Azzam bekräftigte seine Rede mit dem Hinweis darauf, dass es neben dem Kampf auf dem Schlachtfeld schon immer den geheimdienstlichen Kampf gegeben habe.
Dann schlägt seine Wut jedoch um. Er zitiert aus dem Koran und er nennt sich und seine Männer Terroristen. Schon im Buch des Propheten stehe, dass Krieg auch Täuschung sei und

dann rezitiert er, als stehe er vor einer ganzen Gemeinde von Gläubigen:
„Wir sagen: Wir sind Terroristen. Jeder Muslim ist dazu verpflichtet, ein Terrorist zu sein. Terror ist nach dem Wortlaut des Korans und der Sunna eine Pflicht:
„Und rüstet gegen sie, was ihr an Kraft und an einsatzbereiten Pferden haben könnt, um damit den Feinden Gottes und euren Feinden Angst zu machen.'"[9]
Nachdem Azzam sich beruhigt hatte, erklärte er Anwar, dass militärische Aktionen des Dschihad kein Terrorismus seien. Natürlich dürfe man seine Feinde einschüchtern. Aber die westlichen Medien verwendeten den Begriff Terrorismus im Sinne von Verbrechen, um die Leistung der Mudschahedin im Kampf gegen die sowjetischen Besatzer zu diffamieren. Dies sei Unrecht: Schon im Koran wird Einschüchterung im Sinne von „dem Feinde Angst machen" benutzt. Und so urteile er auch über Märtyrer, die auf dem Pfad Gottes zu Tode gekommen sind.
Dann kam Azzam auf die USA zu sprechen. Die USA seien ein Feind des Islam; man solle alles tun, um sich von deren Fesseln zu befreien. Man dürfe sich nur auf seine eigene Stärke verlassen. Die USA seien kein Verbündeten, sondern eine Macht, deren wirtschaftliche und militärische Stärke im Moment gebraucht würden, um den Kampf in Afghanistan zu bestehen. Azzam schloss den Abend mit dem Satz des Gesandten Allahs: Krieg ist Täuschung.
Osama lehnte sich leicht zurück und forschte in Anwars Gesicht nach. Dessen Gesicht glühte jetzt vor Aufregung und Freude. Niemals mehr würde er der Propaganda der Ungläubigen Glauben schenken; er tat seine religiöse Pflicht. Er war kein Terrorist, er war ein Kämpfer für das Gute.
Nach diesem Abend entwickelte und formulierte Azzam seine Theorie der „Verteidigung der muslimischen Territorien als

9 Anm.: Für ein vertiefendes Studium der Werke Azzams wird u.a. www.azzambooks.4t.com empfohlen.

persönliche Pflicht des Muslim". Er verherrlichte dabei den Märtyrertod und lobte Selbstmordanschläge als besondere militärische Taktik, die es ihnen erlaube, auch gegen besser ausgerüstete Feinde siegreich zu sein.
Gemeinsam diskutierten sie fortan bis tief in die Nacht hinein religiöse Schriften und militärische Strategien.
Im April 1988 ruft Azzam dann in der Zeitschrift al-Dschihad zur Gründung einer „soliden Basis", arabisch al-Qaʿida al-sulba, auf. Es war Bin Laden, der zunächst dafür war, einen neuen Namen für das "Dienstleistungsbüro" zu finden. Der Name sollte für mehr stehen, als lediglich für eine Rekrutierungsstelle. Anwar brachte dann die Idee ein, den militärischen Begriff der Basis zu nutzen. Azzam wiederum war dies zu nüchtern, so entschieden sie sich für den Namen *al-Qaida al-sulba*, die solide Basis. Damit wollte Azzam an seine Anhängerschaft neben den militärischen auch ideologische, religiöse Signale aussenden.
Als Anwar einige Tage später auf dem Weg zu einem Treffen in der Stadt unterwegs war, erschütterte eine Explosion die Mittagsruhe. Anwar war beunruhigt, die Detonation schien aus der Richtung zu kommen, aus der auch Azzam zu dieser Zeit kommen sollte. Er würde Recht behalten.
Eine Autobombe beendete 1989 Azzams Leben und das Leben eines seiner Söhne. Er war wohl zu mächtig geworden, er hatte Einfluss gewonnen. Über die Urheber des Anschlags gingen die Meldungen weit auseinander und reichten vom Mossad über den amerikanischen und pakistanischen Geheimdienst bis hin zu Getreuen aus seinem unmittelbaren Umfeld.
Anwar las all diese Spekulationen am nächsten Tag in den Zeitungen. Er selbst beteiligte sich nicht an solchen Phantastereien; schon seit längerem gab es Hinweise von eigenen Informanten, wonach Agenten des sowjetischen KGB in Peschawar seien und Azzam nach dem Leben trachteten. Sie waren deshalb sehr vorsichtig gewesen. Ihre Vorsichtsmaßnahmen hatten aber nicht gereicht. Der Feind hatte sein Ziel erreicht.

Es war eine sinnlose Racheaktion; die sowjetischen Truppen waren längst besiegt. Anwar trauerte um einen Freund.

Noch 1989 folgte Bin Laden als Nachfolger Azzams und neuer Führer der „soliden Basis". Er forcierte – unmittelbar nach dem Tode von Azzam – den Aufbau einer unabhängigen Kampf- und Terrortruppe von Arabern, die nicht mehr dem Kommando der afghanischen Mudschahedin unterliegen, sondern alleine ihm gehorchen sollten, dem Emir von al-Qaida.
Von nun an blieb Anwar stets an Osamas Seite, so wie man es vereinbart hatte an jenem Abend, als über gemeinsame Strategien gesprochen und diskutiert wurde.

4.
Gemeinsam verließen sie Pakistan und Afghanistan nach dem Sieg über die sowjetischen Truppen; Anwar folgte ihm nach Saudi-Arabien und dem Sudan. Er bereitete die Rückkehr von Bin Laden und al-Qaida nach Afghanistan vor.
Er war an seiner Seite bei den Beratungen über den großen Angriff auf die USA 2001.
Und er folgte ihm, nach den Angriffen der Amerikaner auf Afghanistan, in die Höhlen von Tora Bora, welche im Auftrag des amerikanischen Geheimdienstes von der *Saudi Binladin Group* während des Afghanistankriegs gegen die Sowjetunion ausgebaut worden sein sollen.
Osama hatte früh erkannt, welch loyalen Getreuen er in Anwar in den Anfangsjahren in Peschawar entdeckt hatte. In all den Jahren förderte er Anwar bei al-Qaida. Er war sich dessen Loyalität stets gewiss. Dennoch nutzte er jede Gelegenheit, um ihre gemeinsame Bande zu verstärken. So verstand er es auch, eine seiner Töchter mit Anwar zu verheiraten. Der Berater und Mitstreiter war nun auch sein Schwiegersohn und gehörte zur Familie.
Die Anfangserfolge der alliierten Streitkräfte in Afghanistan führten zu einem erheblichen Druck auf Bin Laden und die

Führungsmannschaft von al-Qaida. Ihre früheren Verbündeten in Kabul verhielten sich zunächst abwartend oder schlugen sich auf die Seite der vermeintlichen Sieger und ihrer Statthalter um Karzai.
Anwar hatte die schwierige Aufgabe übernommen, neue Basislager im Grenzgebiet nach Pakistan zu finden. Die dortigen Stämme sympathisierten stärker mit den Islamisten als mit den Beauftragten der Zentralregierung in Islamabad. Und in der gemeinsamen Ablehnung der westlichen Okkupanten fand man auch eine gemeinsame Basis. Anwar hatte in kurzer Zeit entlang der Grenzlinie zu Afghanistan eine Reihe von Ausbildungs- und Rückzugslagern errichtet. Die Kommandanten wurden gemeinsam mit dem Führungsrat von al-Qaida ausgewählt. Dabei legte man auch fest, welche neuen Rekruten in welchen Camps ausgebildet werden. Bin Laden achtete dabei sorgfältig darauf, dass eine Machtbalance zwischen den verschiedenen ethnischen Strömungen bestand.
Vor allem aber war Anwar damit beschäftigt, die Kommunikation zwischen den al-Qaida Gruppen und dem Führungsrat um Bin Laden und Zawahiri abzuschirmen. Die Jagd auf seinen Schwiegervater war oberstes Kriegsziel der westlichen Feinde und sie verfügten über schier unerschöpfliche Geldreserven. Selbst in sicher geglaubten Verstecken wurden wichtige Mitstreiter durch Verrat dem Gegner ausgeliefert. Gemeinsam entwickelten Anwar, Bin Laden und Zawahiri eine Art reisendes Hauptquartier, wobei sie stets parallele Reisebewegungen verfolgten und nur wenige Eingeweihte wussten, wer mit wem sich wohin bewegte. Anwar selbst suchte die engsten Leibwächter aus, die Emir Bin Laden schützten. Und selbst bei diesem engsten Kreis von Gefolgsleuten tauschte man ständig die Zusammensetzung der jeweiligen Kerntruppe. Es war eine aufreibende Zeit ständiger Unruhe und Angst vor Entdeckung. Oft gelang es nur in letzter Sekunde, einen Aufenthaltsort noch kurz vor einem Angriff zu verlassen. Dazu kamen nach und nach gesundheitliche Probleme bei einigen

der älteren Sheiks, aber auch bei Bin Laden selbst.
Anwar machte sich Gedanken, wo man eine sichere Bleibe auf längere Sicht einrichten könnte. Über Mittelsmänner ließ man vorsichtige Anfragen an einflussreiche Gönner übermitteln und die Lage sondieren.
Doch noch waren die Antworten, die über die Kuriere zurückkamen, eher ausweichend bis ablehnend.

Im März 2003 beorderte Bin Laden den Führungsrat an einen sicheren Versammlungsort in den Bergen, im Machtbereich eines ihm besonders ergebenen Clans. Zu diesem Treffen war, entgegen der sonstigen Sicherheitsregeln, der gesamte Rat zusammengerufen worden. Die Vorbereitungen waren für Anwar entsprechend aufwändig. Er war aber auch gespannt, welche Botschaft Bin Laden ihnen verkünden wollte. In den letzten Wochen war ihm bereits aufgefallen, dass sein Schwiegervater wieder voller Zuversicht schien.
Osama bin Laden eröffnete die Versammlung mit ausführlichen Gebeten und Zitaten aus dem Koran. Es folgten massive Hasspredigten gegen die amerikanischen Feinde und die westlichen Kreuzritter. Anwar war nun klar, dass es noch eine Weile dauern würde, bis Bin Laden zum eigentlichen Zweck des Abends kommen würde. Er kannte ihn gut genug: Heute redete der Emir seine Zuhörer zunächst in eine euphorische, aber auch aggressive Stimmung. Und so folgten auch weitere Tiraden auf die feigen Statthalter in den muslimischen Ländern, die sich sklavisch den Feinden andienen würden und deren Söldner seien.
Es war schon gegen Mitternacht, als Bin Laden seine strategischen Überlegungen ausbreitete. Er sei sich jetzt sehr sicher, dass der amerikanische Präsident Bush den Irak angreifen werde. Er hielt Bush und seine Verteidigungsminister für überheblich und dumm. Damit würden sich für al-Qaida neue Möglichkeiten eröffnen: Der unmittelbare militärische Druck in Afghanistan und im Grenzgebiet würde erheblich

nachlassen und die strategische Lage sich zu Gunsten der Glaubenskämpfer wenden. In den nächsten Monaten sei es wichtig, die Kontakte zu den Kämpfern in Afghanistan zu verstärken. Dann wandte sich Bin Laden der Situation in Pakistan zu. Der zu erwartenden Angriff der USA im Irak werde auch Gelegenheit bieten, alte Verbindungen zu pakistanischen Verbindungsleuten zu aktivieren. Pakistan werde die erneute amerikanische Intervention in einem muslimischen Land bestimmt verurteilen. Da seien die Umstände günstig und sollten genutzt werden. Dann kam Bin Laden zum wichtigsten Teil seiner Rede. Ein erneuter Angriff auf den Irak werde unweigerlich einen Bürgerkrieg zwischen Schiiten und Sunniten nach sich ziehen. Es sei wichtig, so früh wie möglich Glaubensbrüder im Irak an al-Qaida zu binden. Neben dem Irak gelte das ebenso für Nordafrika und auch für den Jemen. Der Angriff der USA auf den Irak biete eine einmalige Chance, die Glaubensbrüder im Kernland des islamischen Glaubens zu aktivieren und von dort weiter zu tragen. Vor allem müsse jede Möglichkeit genutzt werden, auch Angriffe in den Ländern der Kreuzfahrer durchzuführen. Kein Land sollte sich mehr sicher wähnen vor den Attacken von al-Qaida. Bin Laden hatte wieder einmal alle überzeugt. Voller Zuversicht gingen sie in dieser Nacht auseinander.

Am 20. März 2003 bombardierten amerikanische Flugzeuge Bagdad. Der zweite Irakkrieg hatte tatsächlich begonnen. Wie Bin Laden es vorausgesagt hatte.
Auch die Situation in Afghanistan und Pakistan entwickelte sich ungefähr so, wie er es seinen Gefolgsleuten versprochen hatte; al-Qaida war im Aufwind. Bin Laden beauftragte Anwar die Gespräche mit irakischen Kämpfern vorzubereiten. Andere Kommandanten wurden gezielt eingesetzt, um Verbindungen in den Jemen, in die arabischen Länder Nordafrikas und nach Europa zu aktivieren. Alle Aktivitäten entwickelten sich nebeneinander, ohne konkrete Absprachen.

Doch das spielte bei diesen Entwicklungen auch keine Rolle mehr, wie Anwar bald erkannte. Zu schnell und unvorhersehbar waren jetzt die Abläufe. Bereits 2004 wurden die USA und die verbündeten Briten in einen blutigen Aufstandskrieg verwickelt. Anwar hatte über Kuriere Kontakte zu einem jordanischen Bruder, al-Zarqawi, aufgenommen. Al-Zarqawi führte einen brutalen und mörderischen Kampf gegen die Invasionsarmeen. Vor allem in der irakischen Stadt Falludscha kam es zu langen und verlustreichen Gefechten. Dort hatte al-Zarqawi einen seiner brutalsten Gefolgsleute, den Syrier Louay Sakka, als Emir und Kommandanten eingesetzt.[10]

Nachdem al-Zarqawi sich als Gefolgsmann von Bin Laden andiente und den Treueschwur auf ihn ablegte, reiste Anwar in das syrisch-irakische Grenzgebiet, um sich mit ihm in Al Bukamal zu treffen. Die kleine Stadt lag auf syrischem Gebiet. Auf Vorschlag al-Zarqawis gelangte man über alte Schmuggelwege dann leicht in den Irak und konnte sich in einem seiner Lager mit islamistischen Kämpfern sicher austauschen.

Anwar traf dort einige ihm bekannte Männer, die aus Pakistan in den Irak gereist waren, um dort zu kämpfen. Doch nicht alle Informationen, die er hörte, waren zu seiner Zufriedenheit. Ein ihm gut bekannter Kämpfer berichtete ihm vertraulich von unsinnigen Gräueltaten der al-Zarqawi-Leute. Vor allem Sakka sei unberechenbar. Die Unterstützung durch die Bevölkerung und die örtlichen Stämme sei bereits verloren gegangen. Er selbst, so der Gewährsmann weiter, werde wieder zurückgehen nach Pakistan.

Anwar blieb nur zwei Nächte in dem Lager. Er versicherte al-Zarqawi der Hochachtung von Bin Laden, nicht ohne darauf hinzuweisen, dass es gelte die eigenen Glaubensbrüder zu schonen. Man kämpfe schließlich für ein großes, gemeinsames islamisches Kalifat.

---

10 Anm. zu al-Zarqawi: Die von Wikipedia veröffentlichte Biographie von Abu Musab al-Zarqawi mit den weiterführenden Quellenhinweisen ist empfehlenswert.

Nach seiner Rückkehr unterrichtete Anwar unmittelbar Bin Laden. Er schilderte ihm seine Eindrücke und berichtete von seinen Informanten. Anwar war sich unschlüssig, ob al-Zarqawi ein respektabler Bündnisgenosse sei.
Doch Bin Laden war für derartige Überlegungen nicht zugänglich. Die vielen Erfolgsnachrichten hatten ihn uneinsichtig gemacht. Denn auch in Algerien hatte sich ein Bündnis mit al-Qaida-Getreuen angebahnt. Auch sie wollten den Treueschwur auf ihn ablegen.
Daneben war eine Reihe von Angriffen in den Ländern der Kreuzfahrer von Erfolg gekrönt. In Madrid, im Herzen Spaniens, hatte man den Feind empfindlich getroffen.
Bin Laden war davon überzeugt, es könne nur noch kurze Zeit dauern, bis man die westlichen Armeen aus Afghanistan verjagt habe. Dann werde er Pakistan als nächstes Land mit seinen islamischen Kämpfern erobern. Wie er vorhergesagt habe, sei die Zeit reif für neue Pläne. Er verfüge über ein gutes Domizil für sich und die Familie in Pakistan. Von dort aus könne er besser als bisher die Aktivitäten von al-Qaida leiten.

Nachdem sich Osama bin Laden in Pakistan eingerichtet hatte, beauftragte er Anwar als Kriegsemir nach Afghanistan zu gehen und dort weiter gegen die westlichen Armeen zu kämpfen. Es war für ihn absehbar, dass schon bald deren Abzug anstünde. Dann sollte al-Qaida dort durch seinen Schwiegersohn hochrangig vertreten sein.
Anwar bereitete seine Rückkehr nach Afghanistan gut vor. Er wusste um Osamas Strategie. Doch er war sich nicht so sicher, ob sein Schwiegervater die Lage noch richtig einschätzen konnte. Er spürte, dass Osama sich mehr und mehr von der Realität des Geschehens entfernte. Die selbst gewählte Isolation in seinem Exil in Pakistan begünstigte diese Entwicklung. Anwars Frau Aisha, eine von Osamas Lieblingstöchter, folgte ihm mit den beiden gemeinsamen Kindern in das pakistanisch-afghanische Grenzgebiet.

Anwar zeichnete sich in Afghanistan durch sein umsichtiges Handeln und sein strategisches Geschick aus. Schnell hatte er sich den Respekt der Taliban-Kommandeure erkämpft. Er war in den Beratungen der islamistischen Kriegsparteien ein gut gelittener Berater und Verbündeter.
Diese Tatsache blieb auch den alliierten Truppen nicht verborgen.
Anwar galt bald als „Target One" der amerikanischen und britischen Geheimdienste.

Anwar al-Rahman starb mit seinen Leibwächtern und zwei seiner Ehefrauen Ende Mai 2010 bei einem Angriff amerikanischer Drohnen in einem Haus in der afghanischen Provinz Chost. Er war nach dem Abendgebet gerade dabei, seinen Getreuen zu erklären, dass sie keine Terroristen seien.
Wie so oft predigte er ihnen die Pflicht eines jeden Muslims zum Dschihad und las aus dem Koran vor.

## John C. Sutraepe, amerikanischer Sicherheitsbeamter

1.

Auf der US-Militärakademie in West Point hatte man John C. Sutraepe eine großartige Karriere in der Army vorausgesagt. John beendete die Militärakademie 1974 als Jahrgangsbester. Er war der ganze Stolz seines Vaters Sven Sutraepe, der bei Ausbruch des Zweiten Weltkriegs von Schweden in die USA emigriert war. Kurz nach seiner Ankunft in Amerika lernte er bereits seine spätere Frau Janis kennen, eine irisch-stämmige Krankenschwester. 1952 kam ihr erster Sohn John in einer kleinen Stadt in der Nähe von New York zur Welt. John sollte noch zwei Brüder und eine Schwester bekommen. Bei Johns Geburt arbeitete Sven Sutraepe als Disponent einer New Yorker Schifffahrtsgesellschaft.

Als Kapitän der Handelsmarine hatte er im Krieg die gefährliche Atlantikroute befahren. Janis hatte ihn dann nachdrücklich gebeten, im Hinblick auf die erwartete Familiengründung einer Tätigkeit nachzugehen, die es ihm erlaubte, mehr zu Hause zu sein.

Schon in der Schule fiel John durch seine Intelligenz, seinen Ehrgeiz und seine Führungseigenschaften auf. Als jüngster Spieler der Football-Mannschaft wurde er einstimmig zum Mannschaftskapitän gewählt. Später soll er gesagt haben, es liege den Sutraepes wohl im Blut, Kapitäne zu sein.
An der Militärakademie beschäftigten sich die jungen Kadetten bei ihrer Ausbildung natürlich in erster Linie mit dem Vietnamkrieg. 1973 verließen die amerikanischen Truppen unter schmählichen Umständen Vietnam. Sie waren, trotz eines immensen Einsatzes von Truppen und Material, trotz eines rücksichtslosen Luftkrieges gegen die Zivilbevölkerung, von den Guerillatruppen Ho Chi Minhs vernichtend geschlagen worden.
John beschäftigte sich tief greifend mit den Umständen dieser Niederlage. So war er einer der ersten jungen Offiziersanwärter, der den Begriff der asymmetrischen Kriegsführung benutzte. Und er war der einzige Absolvent seines Jahrgangs, der sich über die militärische Taktik hinaus auch mit Strategie im weiteren Sinne befasste.
Aufgrund seiner herausragenden Leistungen durfte John noch ein weiteres Fachgebiet belegen. Er entschied sich für Medizin, denn er hätte es sich gut vorstellen können, eine ärztliche Laufbahn einzuschlagen. Wie es seiner Art entsprach, ging John auch auf diesem Fachgebiet die Dinge grundsätzlich an und beschäftigte sich ausgiebig mit der alten ägyptischen und chinesischen Heilkunst.
Bei seinen militärischen Studien beschäftigte sich John in einer Analyse des Vietnamkrieges eingehend mit Mao Tse-tung und seinen Schriften.

Maos Werke führten John weiter zu Lenin und überraschenderweise zu dem preußischen General Carl von Clausewitz. Der war ja nun kein Unbekannter in West Point und wurde allenthalben in den Ausarbeitungen zitiert. Vor allem jedoch im Zusammenhang mit der taktischen Kriegsführung und den Vorteilen von militärischen Angriffen.
Über den Umweg von Mao Tse-tung und Lenin lernte John Clausewitz jedoch aus einer anderen Sicht heraus kennen und schätzen: Er beschrieb den Krieg aus einer philosophischen und strategischen Sicht.
Besonders schätzte John, dass Clausewitz in seinen Ausführungen die Dinge undogmatisch darlegte und in Theorie und Praxis keinen Widerspruch sah, sondern die Theorie ganz einfach der Praxis unterordnete. Jede Theorie war demnach eine Dienerin der praktischen Kriegsführung und des Kriegszieles. Nach dem Studium der drei herausragenden Strategen Mao, Lenin und Clausewitz entwickelte John für seine Abschlussarbeit in West Point neue strategische Leitsätze für Kriege gegen motivierte Guerillakämpfer in schwer zugänglichen Regionen. Die Arbeit wurde als beste des Jahrgangs prämiert. Bei seinen Studien nutzte John das Wissen anderer Offiziere und Geheimdienstler, die er um Interviews bat.
Besonders angetan war er von einem Oberst der Luftwaffe, der in den achtziger Jahren als Militärattaché in Ägypten eingesetzt war. Der Oberst erzählte ihm auch von dem Anschlag auf den damaligen ägyptischen Präsidenten Anwar as-Sadat, ein im Westen hochgeschätzter und geachteter Partner.
Mit einer ganzen Reihe anderer Militärattachés war der Oberst zur Parade zu Ehren der ägyptischen Armee anlässlich des achten Jahrestages des Jom-Kippur-Krieges am 06. Oktober 1981 eingeladen. Die ausländischen Attachés befanden sich am westlichen Ende der Gästetribüne, die an die Ehrentribüne anschloss.
Die Militärparade ging schon ihrem Ende entgegen; die Mirage-Kampfjets der ägyptischen Luftwaffe zogen im Tiefflug

ihre Schleifen über den Paradeplatz und alle Aufmerksamkeiten auf sich.
Plötzlich brach ein Mannschaftswagen der Armee aus der Reihe und raste auf die Ehrentribüne zu. Soldaten sprangen ab und warfen Handgranaten in die Menge. Andere eröffneten das Feuer aus automatischen Waffen und stürmten Richtung Präsidententribüne.
Anwar as-Sadat wurde von einer Salve tödlich getroffen.

Die Täter sollen der militanten Gruppe *al-Dschihad*, angehört haben. Ihr Anführer war ein Elektroingenieur. Er hieß Abdessalam Faradsch und war in seinen früheren Jahren auch Anhänger der Muslimbruderschaft. Der Oberst erzählte John von diesen fanatischen Glaubensbrüdern und zeigte ihm Zitate aus dem Koran, die Leute wie Faradsch wörtlich nehmen:
„Und wenn die heiligen Monate abgelaufen sind, dann tötet die Heiden, wo ihr sie findet, greift sie, umzingelt sie und lauert ihnen überall auf…“ [11]
Dieser Vers aus dem Koran wird auch in Faradsch's Schrift *Die abwesende Pflicht* zur zentralen Aussage, wie der Oberst bei weiteren Studien herausgefunden hatte. Dabei unterscheide Faradsch das Lager der Feinde in einen inneren Feind – also die amtierende ägyptische Regierung; und einen äußeren Feind – die USA, Israel und andere Mächte.
Nach seiner Strategie sollte zunächst der innere Feind vernichtet werden, bevor man sich dem äußeren zuwenden könne.
Der Oberst gab John den eindringlichen Rat mit auf den Weg, diese Menschen auf keinen Fall zu unterschätzen, denn auch Abdessalam Faradsch hatte mit seinen Getreuen von Al-Dschihad seinen Plan in die Tat umgesetzt. Sie hatten den inneren Feind, den Staatspräsidenten, vernichtet und beabsichtigten mit diesem Fanal einen Volksaufstand zu initiieren. Doch entgegen der Erwartungen der Islamisten sprang der Funke nicht

11 Anm.: Für eine vertiefte Betrachtung der Muslimbruderschaft empfiehlt sich wiederum der Einstieg über Wikipedia und die dort genannten Quellenhinweise

über. Die Täter wurden verhaftet und ihnen wurde der Prozess gemacht.
Faradsch und vier Attentäter wurden 1982 hingerichtet, eine Vielzahl weiterer Verschwörer zu Haftstrafen verurteilt.
Und dann machte der Oberst John auf einen Namen besonders aufmerksam, Ayman al-Zawahiri. Diesen Namen solle sich John gut merken für seine weitere Aufgabe bei der US-Armee. Der Oberst war davon überzeugt, dass die Konflikte mit Islamisten in den Ländern des Mittleren Ostens und in Zentralasien in Zukunft eine zentrale Rolle spielen werden.

2.
John trat seinen regulären Dienst bei der 101. US-Luftlandedivision an. Auch im militärischen Dienst zeigten sich seine überdurchschnittlichen intellektuellen und charakterlichen Fähigkeiten. Er verblieb in jedem Dienstrang gerade die Regelzeit und hatte nebenher noch intellektuelle Reserven, um ein Fernstudium der Politik und Philosophie zu betreiben.

1990 nahm seine Einheit nach dem Angriff des Irak auf Kuwait an der amerikanischen Operation Desert Storm teil. John war einer der ersten Offiziere des amerikanischen Luftlandekorps unter General Norman Schwarzkopf, der damals saudischen Boden betrat. Von dort aus wurde der Angriff auf den Irak geplant. Hier startete die Offensive.
In vorbereitenden Analysen für den Generalstab hatte John massiv darauf hingewiesen, dass die Stationierung amerikanischer Truppen auf saudischem Gebiet nicht ohne Risiko sei; trotz der partnerschaftlichen Verbundenheit Saudi-Arabiens mit den USA. Entgegen den Dossiers und Analysen anderer Militärstellen und des State Departments, dem Außenministerium der USA, wies John auf die möglichen Wechselwirkungen dieses taktischen Vorgehens hin.
Bei der Auswertung arabischer Quellen ist er darauf gestoßen, dass es starke islamistische Strömungen in Saudi Arabien und

anderen arabischen Ländern gab, die eine Anwesenheit von amerikanischem Militär auf dem heiligen Boden Arabiens als einen schwerwiegenden Frevel ansahen. Diese Fraktion befürwortete vielmehr ein Befreiung Kuwaits und die Niederwerfung des Iraks durch arabische Freiwillige. Insbesondere Osama Bin Laden und seine in Afghanistan erprobten Kämpfer boten dem saudischen Königshaus ihre Dienste an. Hatte man doch gerade die Sowjetunion aus Afghanistan verjagt.
Bei seinen Recherchen stieß John auf einen Namen, den ihm der Oberst während seiner Ausbildung so sehr ans Herz legte, al-Zawahiri, der ägyptische Arzt und Moslembruder. Er gehörte nun zum Führungskreis von al-Qaida und war engster Vertrauter von Osama Bin Laden. Auch wies John darauf hin, dass man perspektivisch berücksichtigen sollte, dass der Jemen und Ostafrika von zunehmender Bedeutung sein werden. Bei der Durchsicht der geheimdienstlichen Berichte war John mehrfach ein Anwar Abd al-Rahman aufgefallen, er wurde als Jemenit und enger Berater Bin Ladens bezeichnet. John hatte gelernt, auf die Zusammenhänge zu achten, die sich aus den Herkunftsregionen der Menschen ergeben könnten.

Johns Dossier wurde sehr schnell zu den Akten gelegt, passte es doch nicht in die Linie der Entscheidungsträger um General Schwarzkopf. Und das Ergebnis von Desert Storm und die erfolgreiche Offensive gegen den Irak gab ihnen in Hinsicht auf die unmittelbare Kriegsführung sicherlich zunächst Recht. Allerdings blieben Johns Analysen für ihn nicht ohne Auswirkungen. Einige Zeit nach dem Ende der Militäroperation wurde er nach Washington D.C. zu einem Gespräch bestellt. Sein Gesprächspartner war Richard Clarke, ein einflussreicher Analyst des State Departement, der im Streit das Ministerium verlassen hatte. Clarke war ein scharfsinniger, streitbarer Geist, der mit seiner robusten Art seine Vorgesetzten oft gegen sich aufbrachte. Seine Beurteilungen der politischen, insbesondere sicherheitspolitischen Lage der Dinge, standen häufig

im Gegensatz zu den gängigen Auffassungen der hohen Beamten in den Ministerien. Nach Clintons Sieg über Bush Senior gehörte Clarke zunächst zum weiteren Beraterkreis des neuen US-Präsidenten, und bald war Clinton von Clarke beeindruckt. Im Gegensatz zu den Bulletins der Geheimdienste konnte Clarke kurz, klar und treffend die Dinge auf den Punkt bringen.
Der Präsident beauftragte ihn daher zunächst, einen Expertenkreis für Sicherheitsfragen zu bilden. Und Clarke erinnerte sich an Johns Dossiers aus dem Irakkrieg. Er erinnerte sich schon alleine deshalb daran, weil John eine andere Beurteilung der Lage vortrug als Clarke selbst, der damals noch dem State Departement angehörte.

Mittlerweile war auch Clarke davon überzeugt, dass islamistische Extremisten eine der sicherheitspolitischen Herausforderungen der Zukunft sein werden.
John vertrat diese Lageeinschätzung ja bereits schon länger; und eine Tätigkeit in unmittelbarer Nähe des amerikanischen Präsidenten war eine besondere Herausforderung für ihn. Er quittierte daher den Dienst in der Armee und wechselte nach Washington in den Kreis der Clinton-Administration.
John arbeitete direkt Richard Clarke zu, dessen Einfluss auf die Entscheidungen von Präsident Clinton ständig zunahm.
Clarke und sein Team dominierten mit Analysen und Vorlagen zu den Krisenregionen der Welt die Themen des Nationalen Sicherheitsrates des amerikanischen Präsidenten.
In Clarkes Team kümmerte sich vornehmlich John um die weiteren Aktivitäten von Osama bin Laden und al-Qaida. Die Entwicklung der islamistischen Bewegungen in den muslimisch geprägten Regionen interessierte ihn ganz besonders. Er sah darin eine der hauptsächlichen Konfliktlagen für die außenpolitischen Interessen der USA.
Er ging den Dingen tiefer auf den Grund; es befriedigte ihn nicht, einfach Ereignisse als solche darzustellen und

Reaktionsmuster aufzuzeigen. Er wollte über die Symptome hinaus auch die Ursachen erkennen.
John war davon überzeugt, dass die westliche Denkweise von linearen Ursache-Wirkungs-Mustern bei komplexen Systemen zu kurz greift. Er profitierte erneut von seinen frühen militärischen Studien, besonders von den Studien der Schriften von Mao Tse-tung und Clausewitz.
Ganzheitlich zu denken kam ihm nun, bei seiner Aufgabe für den Nationalen Sicherheitsrat zugute. Präsident Clinton forderte immer häufiger die Analysen von John Sutraepe an.

Der Bombenanschlag 1996 von islamistischen Attentätern gegen amerikanisches Militärpersonal in Saudi-Arabien bestätigte John in seiner Grundthese, die er schon anlässlich des Golfkrieges formulierte. Damals hatte er davon abgeraten, amerikanisches Militär in Saudi-Arabien zu stationieren. Er befürchtete, dass mit diesem unsensiblen Vorgehen gewalttätige Wechselwirkungen provoziert würden. Vor allem sah er aber schon damals keine zwingenden militärtaktischen Notwendigkeiten.
Jetzt fühlte er sich spät bestätigt. Und er sah kommen, dass die islamistischen Ideologen ständig neue Ziele formulieren würden. Die Vertreibung der Sowjetunion aus Afghanistan war ein Fanal geworden für die eigene Kraft. John war klar, dass sich die Attacken immer stärker gegen den Westen und die USA richten würden. Aber noch setzten sich seine Warnungen nicht mit den letzten Konsequenzen durch.
Erst 1998 erkannte man den wahren Wert seiner Analysen, als die amerikanischen Botschaften in Kenia und Tansania mit schweren Bombenanschlägen angegriffen wurden. Johns weitsichtige Prognosen führten endlich zu deutlichen Reaktionen der Clinton-Administration.
John wurde beauftragt, eine Definition von Terrorismus für die Regierung auszuarbeiten und Präsident Clinton erließ eine präsidiale Order für eine Position mit weit reichenden

Machtbefugnissen im Sicherheitsbereich. Er ernannte Richard Clarke zum Nationalen Koordinator für Sicherheit und Terrorismusabwehr. Clarke war auf dem Gipfel seiner politischen Karriere. Die morgendliche Lagebesprechung im Weißen Haus fand jetzt unter seiner Leitung statt; nicht mehr wie bisher durch den Chef der *Central Intelligence Agency*, CIA.

Johns Arbeit trug weitere Früchte, seine Definition von Terrorismus wurde allgemein für gut befunden: Terrorismus wendet Gewalt und spektakuläre Gewaltaktionen gegen eine bestehende politische Ordnung an, um einen politischen Wandel herbeizuführen. Terrorismus ist keine militärische Strategie, sondern eine Kommunikationsstrategie.
John ging noch einen Schritt weiter, er entwickelte ein ganzes System verschiedener Arten von Terrorismus.
Und wieder kamen John seine vielfältigen Interessen und Studien dabei zu Hilfe. So wie er es in seinen medizinischen Studien bei den Bestimmungen von Pflanzen oder Tieren gelernt hatte, strukturierte er nun in wissenschaftlicher Manier die unterschiedlichsten Spielarten, ausgehend von dem Grundstamm „Terrorismus“.
Er schuf Klassifikationen von Terrorarten gegliedert nach Motivation, politischer Grundrichtung oder Ziel.
So bezeichnete er die Aktionen von Osama Bin Laden und al-Qaida als „religiös motivierten“ Terrorismus. Dabei verzichtete er ganz bewusst auf die Bezeichnung islamisch oder muslimisch. Das Hauptkriterium sah er in der religiösen Motivation, unabhängig von der speziellen Religion, von der sie ausgeht. In seinem systematischen Verständnis spielte dies nur eine untergeordnete Rolle.
Eine derartige grundlegende, wissenschaftliche Arbeitsweise war jedoch nicht ganz im Sinne von Clarke und den Beratern des Präsidenten. Sie wollten vielmehr eine griffige Terminologie, die man politisch vermitteln und nutzen konnte. In den folgenden Analysen und Dokumenten der US-Regierung

wurde daher der Begriff „internationaler Terrorismus" verwendet. Damit war alles, was sich gegen die Interessen der USA und ihrer Verbündeter richtete, umfassend abgedeckt.
Man begründete somit eine globale Strategie, um Einsätze und Interventionen amerikanischer Militäreinheiten und Geheimdienste zu begründen und zu rechtfertigen. Clarke war sehr zufrieden mit dieser Situation. Seine Machtfülle wuchs.
John sah die Gefahren dieser Entwicklung sehr wohl: Seine feinsinnigen und wohldosierten Ergebnisse waren einem eher groben, holzschnittartigen Vorgehen gewichen, das für langfristige Strategien keinen Platz ließ. John war fest davon überzeugt, dass die amerikanische Gesellschaftsform die beste aller Möglichkeiten sei. Man müsse dies nur den anderen Staaten und Gesellschaften umfassend klar machen. Alleine mit militärischen Mitteln konnte man dieses Ziel nicht erreichen. Ihm erschienen umfassende Veränderungen der vom Islamismus bedrohten Gesellschaften notwendig. Vor allem bereitete ihm die Kooperation mit korrupten, gewalttätigen Regimes, wie mit Syrien zum Beispiel, Sorge. Er sah hier für die Zukunft strategische Probleme heranwachsen.
Da Clarke diese Überlegungen zugunsten kurzfristiger Erfolge beiseite schob, machte sich bei John zunehmend Enttäuschung breit.
Allerdings war er zu sehr der täglichen Arbeit und seinen Aufgaben verpflichtet, als dass er diesen Gefühlen allzu lange nachhing.
Dennoch ging er deutlich erkennbar zu Clarke auf Distanz. Dessen Machthunger und persönliche Eitelkeiten erschienen ihm zunehmend gefährlich für die unmittelbare Beratung des US-Präsidenten. Und dieser Aufgabe sah sich John in erster Linie verpflichtet.

3.

Nach dem Wahlsieg von George W. Bush 2001 verlor Clarke zusehends an politischem Einfluss, zumal Bush die ständigen

Warnungen vor dem islamistischen Terrorismus zunächst nicht so ernst nahm wie sein Vorgänger. Vor allem war Bush an einem guten Verhältnis zu Saudi-Arabien interessiert. Dabei glaubte John zu erkennen, dass Bush außen- und wirtschaftspolitische Interessen der USA nicht wirklich von Interessen der Öl- und Rüstungsindustrie, sowie eigenen wirtschaftlichen Interessen seiner Familie trennen könne. Der Präsident schien in einfachen Kategorien zu denken, ohne dass John dahinter eine verwerfliche Absicht erkennen konnte. Für John war der Präsident nun mal kein strategischer Denker. Er erkannte nicht die Gefahren, die in solchen religiös-ideologischen Bewegungen wie dem Islamismus auf längere Sicht lauerten.

Die Einstellung von Bush änderte sich radikal nach den Angriffen vom 11. September 2001 auf die USA. Als man dem Präsidenten bei einem Goodwill-Besuch in einem Kindergarten die Nachricht von den Terroranschlägen überbrachte, konnte die ganze Welt ein Gesicht voller Ungläubigkeit und Unverständnis sehen. Doch dann reagierte er so unbeirrbar, wie es seiner Denkweise entsprach.
Bush proklamierte am 16. September 2001 den Krieg gegen den Terrorismus: „This crusade, this war on terrorism is going to take a while."
Es folgten die Intervention in Afghanistan und der Krieg gegen den Irak. Und jeder Staat, der dieser brachialen Linie nicht folgen wollte, gehörte für ihn und seine engsten Berater zu den Feinden der USA, zur „Achse des Bösen."
Und es folgten weit reichende Veränderungen der Sicherheitsarchitektur in den USA. Mehr als tausend Behörden in über 10 000 Bürokomplexen wurden aus dem Boden gestampft, die den Kampf gegen den internationalen Terrorismus führen sollten.

John fühlte sich durch die Attacken auf die Twin Towers aber ganz persönlich angegriffen. New York war seine Heimatstadt.

Die Stadt, in der seine Eltern einst in Amerika angekommen waren. Aber es war ja nicht nur New York, das angegriffen wurde. Auch hier in Washington, in der Hauptstadt des mächtigsten Staates der Welt, raste ein Flugzeug wie eine Bombe in das Verteidigungsministerium. John hatte unmittelbar die Ereignisse verfolgen können, er war gerade mit dem Wagen unterwegs Richtung Capitol, als das Flugzeug im Ministerium auf der anderen Seite des Flusses einschlug.
John musste sich eingestehen, dass er derartige Angriffe nicht für möglich gehalten hatte. Bis zu diesem Tag war für ihn Terrorismus mehr eine zivilgesellschaftliche Problematik. Alle seine bisherigen Analysen und die Empfehlungen, die er daraus extrahierte, waren davon geprägt, dass Terrorismus eine Folge innerstaatlicher Unwuchten in Ländern mit schlechten wirtschaftlichen und sozialen Bedingungen sei. Er war davon überzeugt, dass insbesondere die Abwesenheit demokratischer Instanzen und einer freien Presse für die Entstehung terroristischer Umtriebe mitverantwortlich sei. Und er plädierte bei seinen Vorschlägen immer für den Aufbau stabiler staatlicher Institutionen und Verwaltungen, sowie für die Bekämpfung von Korruption und Gewalt mit zivilen, polizeilichen Methoden. Er sah im Terrorismus keine militärische Dimension. Diese Lektion hatte er aus den Studien der Pentagon-Papiere über die Erfahrungen aus dem Vietnamkrieg gelernt.

Doch jetzt zog John aus den Ereignissen, die ihn so persönlich trafen, andere Schlüsse. Er erkannte, dass er sich bisher dem Thema Terrorismus stets in akademischer Weise angenommen hatte. Jetzt war er davon unmittelbar berührt und sogar beängstigt. Er spürte, dass dadurch seine Überlegungen und Analysen eine andere, emotionale Dimension bekamen.
Im Ergebnis waren für ihn diese Angriffe mit einer Doppelstrategie zu beantworten. Die eine konnte nur einen militärischen Gegenschlag in den Regionen beinhalten, in denen sich al-Qaida und ihre Führer aufhielten. Zweitens mussten die

Verantwortlichen für diese tausendfachen Morde persönlich zur Rechenschaft gezogen werden. John gestand sich ein, dass er Rache wollte: Amerika hatte Osama Bin Laden und seiner Helfer habhaft zu werden, tot oder lebendig.
Nach Johns Vorstellungen war das die Aufgabe, die dem Sicherheitsrat, Clarke und ihm zufallen sollte. Er hatte doch ein riesiges Erfahrungswissen über Guerilla- und Aufstandsbekämpfung ebenso angesammelt, wie über Ursachen und Hintergründe von Terrorismus und Islamismus.
Aber Clarke war politisch zunehmend isoliert. Unter Bush gaben jetzt andere Berater den Ton an. Der Präsident setzte auf das Pentagon und die Leute um seinen Verteidigungsminister Rumsfeld.
In der Folge dieser veränderten Machtverhältnisse in Washington quittierte Clarke 2003 den Dienst. Er arbeitete nunmehr als freier Sicherheitsberater und Publizist, wobei
er sich sehr kritisch mit der Bush-Administration und deren Politik auseinandersetzte.
Diese Entwicklung überraschte John nicht sonderlich; hatte er doch schon in früheren gemeinsamen Zeiten das übergroße Ego von Clarke als Manko gesehen.
John blieb demgegenüber seiner Aufgabe nach den Anschlägen von 2001 noch stärker verpflichtet; er wechselte allerdings aufgrund der veränderten politischen Rahmenbedingungen vom Stab des Präsidenten zum amerikanischen Geheimdienst CIA.
Bei der CIA wurde er mit offenen Armen empfangen. Der Dienst hatte einen unglaublichen Bedarf an Experten für den Islamismus. John wurde mit dem Aufbau einer analytischen Abteilung beauftragt, die sich ausschließlich mit al-Qaida und Osama bin Laden beschäftigen sollte. Vor allem sollte John dafür sorgen, dass die geheimdienstlichen und die militärischen Nachrichten und Informationen miteinander vernetzt werden. Sie sollten die Grundlage bilden für die zukünftige Strategie bei der Bekämpfung von al-Qaida und Bin Laden.

Diese Aufgabe nahm John rund um die Uhr in Anspruch. Es gab für ihn kein privates Leben mehr. Auf dem Anwesen des Geheimdienstes in Langley, westlich von Washington, ließ er sich ein kleines Appartement einrichten, so dass er nur noch selten die weitläufige Anlage verließ. Er hatte sich der Jagd nach Osama bin Laden verschrieben.

Mit der Zeit stieß John bei der CIA mit seinen Analysen allerdings nicht immer auf die Gegenliebe seiner politisch ausgewählten Chefs. Oft sahen diese in den Vorschlägen von John eher Probleme, diese im Weißen Haus zu vermitteln, zumal seine Operationspläne zunehmend phantasievoller ausfielen. Die Einwände kamen in den meisten Fällen von hochrangigen Militärs, die derartige Pläne aufgrund ihrer Komplexität für zu risikoreich und undurchführbar hielten.
Erst mit dem Wechsel in den Chefetagen des CIA unter Präsident Obama erlangten Johns Pläne eine entsprechende Würdigung und Unterstützung.
Seine ausgearbeiteten Vorschläge für präzise Angriffe mit unbemannten Flugobjekten, Drohnen, gegen die führenden Köpfe von al-Qaida, wurden nun realisiert. Die Operationspläne waren so angelegt, dass alle beteiligten Stellen, sowohl militärische als auch geheimdienstliche und polizeiliche Einrichtungen, miteinander kooperieren und sich ergänzen. Jetzt konnte er dieses Modell unter der neuen Regierung in die Tat umsetzen.
John legte bei seinen Plänen explizit Wert darauf, dass möglichst geringe Verluste an unbeteiligten Menschen, Kollateralschaden, wie manchmal abschätzig gesagt wurde, entstanden. Er wollte dadurch al-Qaida der Führung berauben und die Schlinge um Osama bin Laden immer enger ziehen. Denn John war davon überzeugt, dass Bin Laden noch immer die Fäden der Entscheidungen bei al-Qaida in den Händen hielt.
Präsident Obama entzog sich bei derartigen Operationen nicht der persönlichen Verantwortung, so wie es John bei früheren

Regierungen erlebt hatte. Damals wurden unangenehmen Entscheidungen oft nach unten delegiert. Wenn Aktionen schief gingen oder Details an die Öffentlichkeit gerieten und kritisiert wurden, wusste die politische Führung angeblich keine genauen Umstände. Man wechselte meist die Behördenleiter kurzerhand aus und erweckte damit den Eindruck von Handlungsfähigkeit.
Nunmehr jedoch ließ sich der Präsident jedes Dossier für Angriffe auf al-Qaida-Führer unmittelbar vorlegen; er erörterte die genauen Umstände, bis hin zu den Fragen, inwieweit möglicherweise unbeteiligte Menschen durch die Angriffe zu Tode kommen könnten. John selbst musste bei einer ganzen Reihe von Angriffsplänen im Weißen Haus Rede und Antwort stehen.
Insbesondere die Tötung von Bin Ladens Schwiegersohn und Operationschef Anwar al-Rahman führte zu intensiven Diskussionen. Es war bekannt, dass al-Rahman in seinen Rückzugsräumen stets von seiner Familie umgeben war und ein Drohnenangriff mithin auch den Tod der Frauen und Kinder bedeutete. Doch auch in diesem Fall entzog sich der Präsident nicht seiner Verantwortung und entschied letztlich selbst. Und als der Geheimdienst ihm ein gut recherchiertes Dossier über einen sehr wahrscheinlichen Aufenthalt von Bin Laden in Pakistan vorlegte, gab er grünes Licht für die Spezialoperation und den Einsatz zur Ergreifung Bin Ladens.
John wurde mit dem CIA-Direktor und anderen hohen Beamten in der entscheidenden Nacht in den *War Room* des Weißen Hauses beordert. Gemeinsam mit dem Präsidenten, seinen wichtigsten Beratern und der Außenministerin waren sie Zeugen des Einsatzes.
In dieser Nacht im Mai 2011 wurde John in seiner langfristigen Strategie bestätigt, sein Masterplan war aufgegangen.

Nach dem erfolgreichen Einsatz in Abbottabad folgte für John und den CIA-Direktor eine weitere Einladung des Präsidenten, diesmal zu einem Abendessen in kleinem Kreise im Weißen Haus. John wurde an diesem Abend eröffnet, dass er am folgenden Tag zu einem der Vizepräsidenten der CIA ernannt werden würde. Seither koordiniert er alle Auslandsaktivitäten von CIA-Agenten weltweit.

## Shah Malik Shah; Afghanischer Kriegsherr

1.

Wenn Shah nach seinem Alter gefragt wurde, erzählte er als Jugendlicher immer voller Selbstbewusstsein, dass er im Jahr des großen Tunnels geboren wurde. Nur wenige wussten mit dieser Antwort etwas anzufangen. So blieb es lange im Dunkeln, wie alt Shah Malik Shah tatsächlich ist.

Für Shah war das aber auch nicht von Bedeutung. Aus den Erzählungen seines Großvaters wusste er, dass 1964 das größte technische Wunder der ihm bekannten Welt fertig gestellt wurde: Der Salangtunnel.

Nach zehnjährigen Arbeiten hatten sowjetische Ingenieure und afghanische Arbeiter die Herausforderung bestanden und mit dem Tunnel die afghanische Hauptstadt Kabul mit dem Nordosten des Landes verbunden, und damit Regionen des Hindukusch für den modernen Verkehr erschlossen.

Shahs Vater arbeitete in diesen Jahren ebenfalls am Salangtunnel. Er war Vorarbeiter und stand einer Rotte tadschikischer Straßenarbeiter vor. Diese herausgehobene Aufgabe entsprach seiner gesellschaftlichen Stellung in seiner Heimatregion Badachschan. Dort war er Chef eines tadschikischen Familienclans, der sein Auskommen hauptsächlich mit Viehzucht bestritt. Der Bau des Tunnels war eine gute Gelegenheit, ein zusätzliches Einkommen zu erschließen. Neben den eigentlichen Aufgaben als Vorarbeiter, organisierte Shahs Vater auch die Verpflegung der sowjetischen Mitarbeiter und versorgte

sie darüber hinaus mit allem, was sie sonst noch in der Einöde benötigten.
Shah hatte nie eine Schule besucht. Alles was er wissen musste, hatte er sich selbst beigebracht oder war ihm von seiner Mutter und dem Großvater erzählt worden. Allerdings war Shah ein ungewöhnlich aufgeschlossenes und kräftiges Kind. Schon in jungen Jahren zeichnete er sich durch Mut und Entschlossenheit aus. In seinem Dorf und darüber hinaus war er für seine Jagdkünste bekannt und den geschickten Gebrauch aller möglichen Waffen. Insbesondere verstand er sich auf die Handhabung des traditionellen Dolchs und der Drahtschlinge, mit der man die Tiere in den Fallen schnell von ihren Qualen erlösen konnte.
Daher war es kein Wunder, dass der Clan Shah seine beste Ziegenherde anvertraute, mit der er in jedem Frühjahr für Wochen alleine in die Bergregionen zog und erst mit Einbruch der kalten Jahreszeit zurück in das tiefer gelegene Tal kam. In dieser Zeit in den Bergregionen führte eine verirrte Ziege zu einer Konfrontation, die Shahs Leben maßgeblich beeinflusste.
Bei der Rückkehr zur Herde bemerkte Shah an jenem Nachmittag einen Fremden in ihrer Nähe; er dachte sofort an einen Viehdieb und schlich sich lautlos an, die Drahtschlinge bereit, um den Dieb unschädlich zu machen. Das Töten von Feinden machte Shah nichts aus. Er tötete nur, um zu überleben. Gleichgültig ob es sich dabei um Menschen oder Tiere handelte. Er tötete stets schnell und präzise, um das Opfer nicht zu quälen.
Kurz bevor Shah den Mann erreichte, drehte dieser sich langsam zu ihm um und schaute ihm in die Augen. Obwohl Shah ein Meister im Anschleichen war, hatte er ihn gehört. Als Zeichen seiner friedlichen Absicht streckte der Mann beide Hände offen nach oben. Shah war erleichtert; er hatte keine Freude am Töten.
Der Mann lebte als Eremit in einer Hütte in der Nähe der Weidefläche. Er war nicht afghanischer Herkunft und viel älter als

Shah. Er erzählte, dass er aus dem Teil des Hindukusch stammte, der zu China gehört. Vor langer Zeit war er als praktizierender Buddhist vor den chinesischen Behörden geflohen und lebte seither alleine in dieser einsamen und kargen Region des Salangpasses.
Der alte Mann freundete sich mit Shah an. So oft es Shah einrichten konnte, führte er die Herde in die Nähe der kleinen Hütte seines neuen Freundes. Der Eremit machte dann oft für beide einen wärmenden Tee und erzählte Shah aus seinem Leben als Mönch, über die Riten in den buddhistischen Klöstern und die Lehren Buddhas. Er erzählte aus einer Welt, die für Shah fremd und faszinierend war. Manchmal schien es Shah, als stamme der alte Mann von einem der vielen Sterne, die er nachts beobachtete, wenn er seine Herde bewachte. Im Schlaf träumte Shah manchmal von riesigen Klöstern und prächtig gekleideten Mönchen.

Shah lauschte gerne den Schilderungen; er war ein eifriger Schüler und blieb auch bei den religiösen Erzählungen seines Freundes ein aufmerksamer Zuhörer. Obgleich sein Clan der sunnitischen Glaubensrichtung angehörte, gab es keine religiösen Eiferer in seinem Umfeld. Die Religion wurde eher in einer angemessenen Tradition gepflegt, einhergehend mit anderen Traditionen, die wahrscheinlich noch aus vor-islamischen Zeiten stammten.
Der alte Mann lehrte Shah auch lesen und schreiben; so erhielt Shah eine beachtliche Bildung durch den Eremiten. Nach einigen Monaten begann Shah das erlernte Wissen auch in Diskussionen mit seinem Lehrmeister anzuwenden. Oft sprachen sie über die unterschiedlichen Religionen, denen sie anhingen. Auch über die verschiedenen Sitten und Gebräuche der Stämme konnten sie lange debattieren; und über die Art und Weise, wie man am besten Tee zubereitet, führten sie geradezu Wortgefechte. Shah fühlte sich bei dem alten buddhistischen Mönch ausgesprochen wohl. Er konnte es sich überhaupt

nicht vorstellen, dass diese Freundschaft jemals zu Ende gehen könnte. Nur in den Wintermonaten musste er mit der Viehherde zurück ins Tal musste. Aber er hatte sich vorgenommen, auch im Winter mindestens eine Wanderung zu seinem Lehrer zu unternehmen.

2.

Als der sowjetisch-afghanischen Krieg ausbrach, war die Salangregion aufgrund ihrer strategischen Bedeutung schon bald stark umkämpft. Auch wenn die menschenleere Region, in der Shah mit den Herden wanderte, nicht unmittelbares Kampfgebiet war, so blieb er doch von dem Geschehen nicht verschont. Shahs Familienclan hatte nach anfänglichen Sympathien für die russische Invasion, auch aufgrund der früheren geschäftlichen Zusammenarbeit bei den Bauarbeiten am Salangtunnel, nach einiger Zeit einen deutlichen Hass gegen die Invasoren entwickelt. Denn die russischen Truppen und ihre afghanischen Helfer gingen brutal und rücksichtslos gegen die Bergbevölkerung vor. Wahllos verdächtigten sie die Dorfbewohner der Unterstützung der aufständischen Mudschahedin.
Morde und Vergewaltigungen durch die Soldaten waren nicht ungewöhnlich. Shahs Clan führte daraufhin seinen eigenen Kampf gegen die Besatzer in den unzugänglichen Bergen.
Shah wurde zunächst als Botengänger und Melder zwischen den operierenden Trupps gebraucht. Seine guten Kenntnisse der Region und seinen Mut bewies er jetzt im Krieg.
Als er auf einem seiner gefährlichen Meldegänge einen Abstecher zu der Hütte seines alten Lehrers machte, fand er nur noch Trümmer vor. Die Hütte war von Russen aus einem Hubschrauber mit Brandraketen beschossen worden. Shah fand den Mönch verbrannt in den verkohlten Resten der Hütte. Jetzt waren die Russen seine persönlichen Feinde.
Er sprach nach seiner Rückkehr von dem Meldegang bei seinem Clanoberhaupt vor und forderte den Einsatz als Kämpfer. Trotz seiner Jugend stimmte auch sein Vater bei der Beratung

der Dorfältesten, ob Shah für solche Einsätze schon reif sei, dem Wunsch seines Sohnes zu.
Am nächsten Tag ging Shah mit einer Gruppe Mudschahedin in die Berge, Richtung Südwesten, um russische Konvois anzugreifen und Überfälle auf Militärbasen der russischen Armee durchzuführen. Er kam in der Folge nur noch selten nach Hause. Die Kämpfe nahmen an Intensität und Häufigkeit zu. Sein Clan zahlte einen hohen Blutzoll für ihren langen, harten Kampf gegen die russischen Invasoren.
Beim Abzug der Sowjetarmee aus Afghanistan war Shah mit vierundzwanzig Jahren bereits zum Feldkommandanten aufgestiegen. Durch die hohen Verluste der tadschikischen Mudschahedin aus der Region Salang hatten sich mehrere kleinere Widerstandsgruppen und Clans in einem größeren Kampfverband unter der Führung des tadschikischen Kommandanten Ahmad Schah Massoud zusammengetan.
Seit der Ernennung von Shah zum Feldkommandanten unter Massouds Führung nannte er sich Shah Malik Shah. In seinem Clan war es eigentlich üblich nur einen Namen zu haben. Doch nun fügte er aufgrund seiner gewachsenen Bedeutung seinem Namen einfach eine Dopplung an. Shah war von seinem Naturell eher uneitel, doch mit den Jahren hatte er gelernt, auf die Erwartungen seiner Männer Rücksicht zu nehmen. Auf diesen Namen ihres Anführers konnten sie wirklich stolz sein.
In den Jahren des Widerstandes und des Krieges hatte moderne Technik mit unglaublicher Schnelligkeit Einzug bei den Mudschahedin gehalten. Fast alle Kämpfer waren mit mobilen Telefonen ausgestattet und nutzten diese, soweit sie sich in Regionen befanden, wo dies möglich war und die Situation es erlaubte. Shah war ganz begeistert von diesen technischen Dingen; er hatte sich den erstaunten Blick des Hirtenjungen auf die moderne Welt ein Stück weit erhalten können. Mit geradezu jungenhafter Euphorie nutzte er die Kommunikationstechnik. Nicht nur deshalb, sondern vor allem wegen seines Mutes und seiner Tapferkeit wurde er von seinen

Kriegern verehrt. Schon mit jungen Jahren war er eine Legende geworden.

Nach der Vertreibung der Sowjets aus Afghanistan brach unmittelbar danach ein blutiger Bürgerkrieg gegen die verbliebene sozialistische Regierung und unter den bis dahin gemeinsam kämpfenden Gruppen der Mudschahedin aus.
Shah hielt in den kommenden Kämpfen General Massoud die Treue. Er wechselte nicht, wie viele andere Feldkommandeure, je nach Lage und Kriegsglück die Fronten.
Aber seine erste Sorge galt seinem Familienclan. Die lange Kriegszeit hatten ihn in vielerlei Dingen hellsichtig werden lassen: Von religiösen Parolen und politischen Versprechungen hielt er nichts. Sein Clan konnten in der Kriegsperiode so gut wie keine Einkommen durch die traditionelle Viehzucht erzielen; die Familien gerieten in elementare Not und Bedrängnis. Hunger und hohe Kindersterblichkeit bedrohten ihre Existenz. In dieser Zeit entschied Shah gemeinsam mit den Dorfältesten, das Überleben des Clans durch den Anbau von Mohn zur Herstellung von Rohopium zu sichern. Shah mit seinen Leuten sorgte dabei für den Schutz der Anbaufelder und den Transport der Ernten zu den Zwischenhändlern im Norden an den Grenzen nach Usbekistan und Tadschikistan. Dort wurden die weitere Verarbeitung des Rohopiums und der anschließende Vertrieb des gewonnenen Heroins nach Russland und Europa von anderen Gruppen betrieben.
Der Einstieg in das Rauschgiftgeschäft erwies sich bald als mehr, als nur die erhoffte Rettung aus wirtschaftlicher Not. Das Geschäft prosperierte zusehends. Der Clan verdiente gut, weitete die Anbauflächen aus und gewann seine alte Machtposition in der Region zurück.
Shah verzeichnete darüber einen starken Zulauf von willigen Kämpfern, was wiederum seine Position in dem tadschikischen Kampfverband um Massoud stärkte, der nach der Niederlage der sozialistischen Regierung und der Installierung

einer islamischen Regierung zum Verteidigungsminister ernannt wurde.
Der Bürgerkrieg war jedoch nicht zu Ende. Denn ein anderer mächtiger Heerführer, Gulbuddin Hekmatyar, stellte sich zunächst gegen die neue Regierung, paktierte dann kurzzeitig mit ihr, und führte anschließend erneut einen grausamen Krieg um die afghanische Hauptstadt Kabul einzunehmen.
Hekmatyar, ein paschtunischer Clanchef, war mit seiner islamischen Partei *Hizb-i Islami* während des Krieges durch amerikanische und saudische Unterstützung zum Kommandeur der stärksten Mudschahedin-Gruppe aufgestiegen. Lange Zeit wurden er und seine Kämpfer auch von Pakistan unterstützt und ausgebildet.
Die Lage war also jetzt, nachdem die russischen Truppen vertrieben worden waren und die sozialistische Restregierung beseitigt war, noch unsicherer und instabiler geworden. Dies konnte insbesondere dem Nachbarn Pakistan überhaupt nicht gefallen, der in ständigen Konflikten mit seinem östlichen Nachbarn Indien stand.
Pakistan verfolgte daher den eskalierenden Konflikt zwischen Hekmatyar und der neuen islamischen Regierung in Afghanistan mit einem starken Verteidigungsminister Massoud mit großem Argwohn.

Man wollte Ruhe an der Westfront des Landes. Der pakistanische Geheimdienst ISI versicherte sich daher der Unterstützung der ultrareligiösen Taliban. Die Taliban rekrutierten sich aus jungen Menschen, die vornehmlich in Religionsschulen in Pakistan heranwuchsen. Eine Religionsschule oder Madrasa, wird auch in Pakistan oft und gerne als „Schule des Hasses" bezeichnet, in der Gewalt gepredigt wird. In der akuten Situation allerdings nutzte der pakistanische Geheimdienst seinen Einfluss auf diese Schulen zur Rekrutierung von Kämpfern für die Taliban.

Nach einer Phase des militärischen Trainings und der taktischen Schulung griffen die ersten Taliban-Milizen in den Bürgerkrieg in Afghanistan ein. Aufgrund der geschickten Führung ihres Führers Mullah Omar, der guten Vorbereitung durch pakistanische Helfer, und einem unerschöpflichen Reservoir an jungen, fanatisierten Kämpfern, gewannen die Taliban schnell die Überhand.
Sie drängten sowohl die Milizen von Hekmatyar, als auch die Allianz der islamischen Regierung in die Defensive. 1996 übernahmen sie die Kontrolle über Kabul und einen großen Teil des Landes. Gulbuddin Hekmatyar floh in den Iran, der ihm Asyl gewährte und ihn weiterhin unterstützte, während die alliierten Verbände der islamischen Regierung um Massoud sich in die nördlichen Landesteile zurück zogen und weiterhin erbittert gegen die Taliban kämpften. Dennoch schien der Plan der pakistanischen Militärs aufzugehen. Die Taliban übernahmen im größten Teil des Landes die Herrschaft.

Shah und seine Getreuen blieben weiterhin treu an der Seite Massouds, auch wenn sich ein Großteil seiner Kämpfer um die Sicherung der Mohnfelder und den Transport des Rohopiums zu kümmern hatte. Shah Malik Shah war zu einem Machtfaktor in den Reihen der Kommandeure der Nordallianz geworden. Doch er war sehr auf seine Unabhängigkeit bedacht.
Ihm gefiel es keineswegs, dass im Verlauf des Krieges die Sitten massiv verrohten. Die Kampfverbände benahmen sich zunehmend brutaler und grausamer gegenüber Feinden und der zivilen Bevölkerung. Gleichzeitig zeigten sich ihre Führer immer korrupter und haltloser. Shah verabscheute die Treffen der Kommandeure in verschwiegenen Häusern mit Lustknaben und Drogenexzessen. Für ihn war der Rauschgifthandel einzig und allein dem Überleben des Familienclans und der Absicherung der eigenen politischen Machtposition geschuldet. Er duldete weder in seinem Clan noch in seinem Kampfverband die Einnahme von Rauschmitteln.

Mit dem zunehmenden Einfluss der Taliban hielt auch ein rigides islamistisches Regime nach den Regeln der Scharia in Afghanistan Einzug. Dieses archaische Regelwerk aus einer mittelalterlichen Zeit setzten sie brutal und grausam gegenüber der Bevölkerung durch.
Auch gegen den Drogenanbau gingen die Taliban nun mit aller Härte vor. Und weder das eine noch das andere fand die Zustimmung von Shah.
Seinen Argwohn gegenüber religiösen Fanatikern hatte er sich nach seinen Lehrjahren bei dem alten Mönch in den Bergen stets bewahrt.
Darüber hinaus hatte er sich in den langen Kriegsjahren durch das disziplinierte Lesen und Studieren alter Texte ein beachtliches Wissen erworben und war sicherlich einer der wenigen Feldkommandanten, die man als gebildet bezeichnen könnte. Vor allem aber stieß ihn die Grausamkeit der Taliban ab. Shah war trotz seiner eigenen, gewalttätigen Lebensgeschichte weit davon entfernt, Grausamkeiten zu begehen oder brutal zu sein. Das Töten von Menschen war in seinen Augen immer nur als letzter Ausweg in einer existenziellen Notsituation gerechtfertigt.

3.

Shah beobachtete daher mit Skepsis die Rückkehr von al-Qaida und Osama bin Laden nach Afghanistan. Die Taliban hatten den arabischen Mudschahedin und ihrem Führer Gastfreundschaft und Unterstützung gewährt. Sie erhofften sich davon finanzielle und militärische Unterstützung.
Dies verschärfte für die Nordallianz unter der Führung Massouds die militärische Lage. Shah hatte seit dem sowjetisch-afghanischen Krieg die Entwicklung von Bin Laden aufmerksam verfolgt. Ihm war klar, das al-Qaida kein wirkliches Interesse an Afghanistan und einer positiven Entwicklung in seinem Land hatte.

Shah hatte seit seinem Zusammentreffen mit mehreren al-Qaida-Führern und auch mit Bin Laden selbst, das Gefühl, es handelt sich bei diesen Menschen um Heimatlose. Für Shah, der tief verwurzelt in seinem Familienclan und seiner Heimatregion im Hindukusch lebte, ein undenkbarer Zustand.
Er sah in den arabischen Mudschahedin so etwas wie Landsknechte, die von Krieg zu Krieg zogen, aber keine richtigen Wurzeln entwickelt hatten. Als Bin Laden nun nach Afghanistan zurückkam, fühlte er sich darin erneut bestärkt. Er sah Unheil aufziehen.
Die weiteren Aktivitäten und Anschläge von al-Qaida gegen amerikanische Einrichtungen in Afrika und im Mittleren Osten führten bald zu einer Konfrontation der Taliban mit den USA. Die Auslieferung von Osama bin Laden wurde gefordert; er solle sich vor amerikanischen Gerichten verantworten. Die Taliban lehnten dieses Ansinnen rundweg ab. Bei ihnen gelte das Gastrecht und Bin Laden sei nun mal ihr Gast.
Diese Entwicklung isolierte das Regime in Afghanistan zunehmend. Selbst Pakistan ging nun - zumindest in öffentlichen Darstellungen - zu den Taliban auf Distanz.
Gleichzeitig nahmen die USA über geheime Kanäle wieder verstärkt Kontakte zu Massoud und der Nordallianz auf. Danach kam auch finanzielle und militärische Unterstützung für die Truppen Massouds. Die USA betrieben einen Sturz der Taliban durch die tadschikischen und usbekischen Kommandeure im Norden, ohne selbst militärisch intervenieren zu wollen.

Doch dann änderten sich die Umstände. Der Einfluss von al-Qaida wuchs stetig an. Ihre Fähigkeit zur Planung von geheimen Aktionen und gezielten Angriffen übertrafen bei weitem die der Taliban.
2001 holte al-Qaida zum Doppelschlag aus: Am 9. September ermordeten zwei Selbstmordattentäter Ahmad Schah Massoud. Sie hatten sich als Journalisten eines Fernsehsenders

getarnt, dem Massoud ein Interview zugesagt hatte.
Am 11. September 2001 griffen Selbstmordattentäter von al-Qaida die USA unmittelbar an.
Shah war an diesem Abend bei einem Freund in Feyzabad im Norden von Afghanistan nahe Tadschikistan.
Als sie eine ungewöhnliche, aufgeregte Stimmung auf der Straße registrierten, gingen sie nach draußen in eine nahe gelegene Teestube. Dort sahen sie im Fernsehen die Bilder von den beiden Flugzeugen, die in die Bürotürme in New York stürzten. In der Teestube machte sich bei den Gästen deutliche Zustimmung breit. Und sogleich nutzten einige Anwesende diese Atmosphäre zu öffentlichen Hasstiraden gegen die USA. Shah beobachtete aufmerksam die Situation, dann bat er seinen Freund um gemeinsame Rückkehr ins Haus.
Noch in derselben Nacht brach er auf Richtung Heimat, er musste handeln. Er hörte deutlich seine innere Stimme: Diesen Angriff würden die Amerikaner nicht ungesühnt lassen.
Es würde ihm nur wenig Zeit bleiben, um die Familien seines Clans in die Berge in Sicherheit zu bringen. Schon lange wurde ein Teil des Geldes aus dem Rauschgifthandel dazu benutzt, sichere Verstecke in den unzugänglichen Gebirgslandschaften anzulegen und mit dem Nötigsten auszustatten. Shah hatte immer darauf gedrungen, solche Vorsorgen zu treffen. Jetzt war er froh darüber, den anderen, die dies für unnütz hielten, nicht nachgegeben zu haben. Nach anfänglichem Zögern stimmte ihm der Ältestenrat seines Clans zu und unterstützte ihn dabei, Frauen, Kinder und Alte in die Verstecke zu schaffen.

Shah selbst bezog mit seinen Kämpfern Stellungen in den weiter südlich gelegenen Bergen. Nach der Ermordung Massouds hatte er alle Verbindungen zu anderen Kommandanten vorsorglich gekappt. Er vertraute niemandem außerhalb seines Clans.

Aus ihren hochgelegenen Beobachtungsposten sahen sie dann die riesigen Flugzeuge vom Norden, aus Richtung Usbekistan einfliegen. Die Detonationen der Bombenabwürfe waren bis in die Berge zu spüren; Shah und seine Unterführer knieten nieder zum gemeinsamen Gebet.
Die Bombenangriffe amerikanischer und britischer Bomber 2001 auf Kabul und Stellungen der Taliban und von al-Qaida, sowie die Ermordung von General Massoud führten bei Shah zu einer Zäsur. Noch in den Bergen beurteilte er die militärische Lage und die Situation seines Clans vom Grund auf neu. Nach Beratungen mit den Ältesten seines Clans verließ er die Allianz der Nordkommandeure. Er entließ alle Kämpfer, die nicht mit dem Clan familiär verbunden waren. Mit seiner Kerntruppe verließ er ab sofort nicht mehr die unzugänglichen, sicheren Berge.

Den Transport des Rauschgifts ließ er von anderen Banden durchführen, die er dafür entlohnte. In den eigenen Dörfern installierte er einen Nachrichtendienst, der ihm unmittelbar jede Ankunft fremder Personen meldete. Blieben diese länger als eine Nacht in seinem Machtbereich ohne erkenntlichen Grund oder um Erlaubnis gefragt zu haben, wurden sie getötet und in den Bergen verscharrt. Shah versorgte sich und seine unmittelbaren Getreuen mit modernsten Kommunikationsgeräten und verfolgte die weitere Entwicklung aus seinen Berghöhlen, die er in unregelmäßigen Abständen wechselte.
Und er sah sich bestätigt: Die neuen Herren in Kabul um Karzai und andere Kommandeure, die ihm gut bekannt waren, dienten sich nun den Amerikanern und ihren Verbündeten an. Den Kampf gegen die Taliban und al-Qaida überließen sie ihnen ebenfalls. Ihre eigenen Kämpfer sorgten fast ausschließlich für die Festigung regionaler Machtpositionen und kümmerten sich um den Rauschgift- und Waffenhandel.
Wie schon im sowjetisch-afghanischen Krieg waren erneut die einfachen Leute die Leidtragenden.

Und wieder wurden die neuen Verbündeten bald als Besatzer und Feinde empfunden.
Shah verfolgte in den Medien die Reden des amerikanischen Präsidenten und seinen Aufruf zum „Krieg gegen den internationalen Terrorismus."
Shah glaubte zu verstehen, dass er damit wohl Osama Bin Laden und al-Qaida meinte, aber warum müssen jetzt wieder so viele Afghanen sterben, fragte er sich.
Und wer bestimmt überhaupt, wer ein Terrorist ist? Shah fühlte, dass er wohl bald auch als Terrorist auf einer Liste der neuen Besatzer auftauchen würde.
Doch was hatten diese schon in seiner Heimat zu sagen? Er tat weiterhin das, was er als das Richtige für seine Familie und seinen Clan erachtete. Er hielt diesen aus den unmittelbaren Kämpfen zwischen den verfeindeten Parteien heraus. Auf ihrem Territorium wurden keine Anschläge gegen die Alliierten geduldet, um keine Vergeltungsschläge zu provozieren. Bei Truppen- und Materialtransporten gewährte er sicheres Geleit, solange man sich vorher meldete und in seiner Region nicht biwakierte. Diese Offerte galt für alle Kriegsparteien. Im Gegenzug erwartete Shah keine feindseligen Attacken gegen die Mohnfelder seines Clans. Im Verlaufe der Kriegsjahre festigte Shah so einen quasi neutralen Status der Region seines Stammes um den Salangpass. Und je stärker sich das Kriegsglück gegen die Eindringlinge wendete, umso wichtiger waren für Shah die guten Kontakte zu allen Fraktionen der Aufständischen. Ihm war noch allzu gut die Situation nach dem Abzug der Sowjetarmee in Erinnerung. Auch jetzt rechnete er damit, dass nach dem Abzug der Alliierten der interne afghanische Machtkampf erneut mit aller Vehemenz entbrennen würde.

Ende April 2012 erhielt Shah über geheime Kanäle eine Nachricht zugespielt, sie stammte vom amerikanischen Geheimdienst CIA. Ob er sich vorstellen könne, nach dem Abzug der westlichen Militärs die afghanische Regierung zu

unterstützen; man könne sich den Posten des Verteidigungsminister für ihn vorstellen.
Shah reagierte nicht auf diese Nachricht. Er hielt sie für eine Falle der aktuellen Regierungsclique; man wollte bestimmt seinen Aufenthaltsort ausspähen. Er hatte bereits mehrfach zugetragen bekommen, dass man ihn als Konkurrenten im Rauschgiftgeschäft nur allzu gerne ausschalten würde.
Sofort machte er sich auf den Weg in ein anderes Versteck. Einige Stunden später schlug eine Rakete in dem Versteck ein, von dem aus Shah sich auf den Weg machte.
In den Abendstunden des nächsten Tages brachte man aus Shahs Dorf einen Toten in die Berge, wo er verscharrt wurde. Shah hatte bereits erneut seinen Standort gewechselt und sich in eine höhere Bergregion zurückgezogen. Er wollte die aktuelle Entwicklung überdenken.

## Mahmud Parvez, pakistanischer Offizier

1.

Am 11. September 1965 bombardierten indische Flugzeuge Karatschi, die größte pakistanische Stadt. Im Zweiten Indisch-Pakistanischen Krieg begann mit dem Luftangriff der indischen Luftwaffe die Lahore Offensive der indischen Armee. Sie führte tief in das pakistanische Herzland, den Punjab.
In der Nacht zuvor hatten bei Benazir Parvez die Wehen eingesetzt. Ihr Mann Ahmad Pasha Parvez hatte seine Frau vorsorglich von seinem Fahrer in das Bezirkskrankenhaus von Bin Qasim bringen lassen, einem Bezirk im Süden Karatschis. Ahmad Pasha Parvez war Bezirksbürgermeister in Bin Qasim, so dass eine bevorzugte Betreuung seiner Frau Benazir eine Selbstverständlichkeit war. Als die ersten Bomben der indischen Flugzeuge die Randbezirke Karatschis zerstörten, hatte Benazir Parvez ihrem Mann den lang ersehnten ersten Sohn geboren.

Sie nannten ihn Mahmud, der Gepriesene.
Eine Woche später, als sie mit dem kräftigen Jungen nach Hause kam, waren die militärischen Aktionen Indiens auf pakistanischem Boden durch internationale Interventionen unterbrochen worden. Für Karatschi drohte nun keine unmittelbare Gefahr mehr.
Die Familie wohnte in dem Bezirk, in dem Ahmad Parvez Bürgermeister war. Sie lebten in einem schönen, zweistöckigen Haus mit großen Garten und einer zwei Meter hohen Mauer, die Schutz bot vor ungebetenen Blicken und Besuchern. Das war im unruhigen und konfliktbeladenen Karatschi ein großes Privileg; aber nicht das einzige, mit dem Mahmud aufwuchs.
Karatschi war bis 1959 Hauptstadt Pakistans und erlebte nach der Aufteilung des indischen Subkontinents eine ständige Völkerwanderung. Die unterschiedlichen ethnischen und religiösen Zugehörigkeiten der Menschen in Karatschi führten seit der Selbstständigkeit Pakistans zu ständigen Reibereien und Gewaltexzessen. So kam es zum Exodus der Hindus nach Indien und in der Gegenbewegung zu Einwanderungswellen von Muslimen aus Indien und Bangladesch nach Karatschi.

Die Familie Parvez gehörte zu den alteingesessenen Muslimfamilien. Ahmad Pasha Parvez behauptete manchmal sogar, nicht nur sein Bezirk Bin Qasim sei nach dem arabischen Eroberer Muhammad Bin Qasim benannt, sondern seine Familie stamme in direkter Linie von diesem berühmten General des Ummayyadenreichs ab. Er tat dies aber mit einem Augenzwinkern, damit man ihn nicht für größenwahnsinnig oder noch schlimmer, für blasphemisch halten könnte. Gehörten doch die Ummayyaden zum gleichen Stamm wie der Prophet Mohammed.
Mahmud spürte in seiner Kindheit jedoch nichts von den Verwerfungen und Umwälzungen in seiner Stadt. Er wuchs vielmehr in einem behüteten und wohlhabenden Umfeld auf. Die Villa mit dem ansehnlichen Grundstück der Familie grenzte an

eine ruhige Nebenstraße der Arabian Sea Country Club Road in unmittelbarer Nähe des gleichnamigen Clubs. Dieser verfügte unter anderem über eine ausgedehnte Golfanlage. Alle Familienangehörigen waren selbstverständlich Mitglieder im Club, und Vater Pasha Parvez war einer der Vizepräsidenten. So spielte Mahmud schon in früher Jugend hervorragend Golf; die meiste Zeit nach der Schule verbrachte er mit Freunden auf dem Anwesen des Clubs. Sie gehörten alle der sunnitischen Oberschicht des Stadtteils an oder stammten aus den anderen bevorzugten Bezirken der Stadt. Für sie waren die Morde und Brandschatzungen, die zwischen den religiösen Gruppen der Stadt an der Tagesordnung waren, Ereignisse aus einer anderen Welt. Sie hatten keinen direkten Bezug zu ihrem Leben.
Doch das sollte sich ändern. Mit dem Schulabschluss entschied sich Mahmud für ein Studium in Karatschi. Die meisten seiner Freunde studierten entweder in den USA oder England oder gingen zur pakistanischen Armee, um dort Karriere zu machen.
Mahmud hingegen schrieb sich in der NUCES ein, der National University of Computer and Emerging Sciences, deren Lehrbereiche die Datenverarbeitung und die Wirtschaftsentwicklung in Schwellenländer miteinander verbinden. Mahmud hatte nach seiner unbeschwerten Kindheit und Jugend das unbestimmte Gefühl, seinem Land etwas zurückgeben zu müssen. Dafür wollte er sich an der Universität die Grundlagen erarbeiten.
Mahmud war ein eifriger Student. Er wohnte nach wie vor bei seiner Familie und fuhr täglich die Strecke von Bin Qasim zur Universität mit der Ringbahn in den Nordosten der Stadt. Vor allem jedoch veränderte sich an der Hochschule sein Freundeskreis. Er fand sehr schnell Kontakt zu einigen Studenten aus Lahore, der Hauptstadt der pakistanischen Provinz Punjab. Seine Studienfreunde gehörten ausnahmslos einer religiösen Bewegung an, den Tablighi Jamaat, der *Gemeinschaft der Verkündung und Mission*.

Im Gegensatz zu Mahmud stammten sie aus armen Familien und waren auf die Stipendien der Bewegung angewiesen. Die Bewegung wurde in den zwanziger Jahren in Britisch-Indien gegründet. Die Gemeinschaft pflegt eine orthodoxe sunnitische Glaubensauslegung mit strikten Regeln. Sie grenzt sich scharf gegen andere Religionen und andere Glaubensrichtungen des Islam ab. Die TJ, so die geläufige Abkürzung, engagiert sich besonders stark in der Unterrichtung und Betreuung von Kindern und Jugendlichen. Ihre Religionsschulen oder Madrassen ersetzen in Pakistan das nicht vorhandene öffentliche Schulsystem. Über seine Studienfreunde lernte Mahmud viel über die TJ und entwickelte immer stärkere Sympathien für die Bewegung und ihre Ziele.
Es wurde ihm klar, dass das bestehende aristokratische Gesellschaftssystem keine Zukunft in Pakistan haben kann. Auch wenn er selbst alle Vorteile einer privilegierten Herkunft genossen hatte, wollte er am Aufbau eines modernen und doch am islamischen Glauben ausgerichteten Pakistan mitarbeiten. Die Entwicklung ihres Sohnes sah die Familie Parvez mit einer gewissen Zwiespältigkeit: Als Vertreter der pakistanischen Oberklasse entwickelte sein Vater wenig Interesse an einer Veränderung der Verhältnisse. Andererseits war er klug genug, um nicht die katastrophalen Verhältnisse in Pakistan und vor allem in Karatschi zu erkennen. Ein sanfter Wandel zum Besseren erschien ihm ein geeigneter Weg; und er war Realist genug, um die Macht der religiösen Gemeinschaften nicht zu unterschätzen. Es konnte ja nur von Vorteil sein, wenn sein Sohn, der zukünftig eine bedeutende Rolle in der Entwicklung Pakistans einnehmen sollte, gut vernetzt ist. Davon ging er naturgemäß aus.

Mahmud absolvierte in Rekordzeit sein Studium und wechselte unmittelbar nach dem Examen zur pakistanischen Armee. Nach seiner Meinung war die Armee die einzige funktionierende Institution in Pakistan. Und die einzige Institution, die über wirkliche Macht verfügte, um Gewalt einzudämmen. Zu dieser Überzeugung gelangte Mahmud in den letzten beiden Semestern vor seinem Universitätsabschluss: In Karatschi tobten 1990 gewalttätige Aufstände. Die Polizei hatte keine wirkliche Chance, den fanatisierten Demonstranten Herr zu werden. Die Situation eskalierte, als der Mob der Straße die Gelegenheit nutzte, um Plünderungen und Morde zu begehen. Mahmud erlebte hautnah was es bedeutet, wenn Menschen durch Gewalt terrorisiert werden. Angst und Schrecken machten sich breit, die Menschen gingen nicht mehr auf die Straße. In dieser Lage griff die Armee ein - gegen den erklärten Willen von Premierministerin Benazir Bhutto - und beruhigte die Lage. Kurz danach setzte der Präsident des Landes die Regierung und alle Provinzregierungen ab und verhängte den Ausnahmezustand über Pakistan. Das Land stand zur gleichen Zeit in einem schweren Konflikt mit Indien in der Region Kaschmir.

Mahmuds Entschluss, zur Armee zu gehen, wurde also aus zwei Quellen gespeist: Er hielt einmal die Armee für die wichtigste Ordnungsmacht in Pakistan selbst, und zum anderen verteidigte sie Pakistan gegen die ständigen Gebietsansprüche Indiens.

In Rawalpindi begann Mahmud noch im September 1990 mit seiner militärischen Ausbildung als Offiziersanwärter an dem National Defense College, als der Kaschmirkonflikt auf dem Höhepunkt war. Weltweit befürchtete man sogar einen Einsatz von Atomwaffen durch die beide Kriegsparteien Indien und Pakistan.

2.

Während der Zeit in Rawalpindi lernte Mahmud Javed Nasir kennen, einen der Offiziere, die an der Militärakademie lehrten. Nasir hatte maßgeblichen Einfluss auf Mahmuds weitere Entwicklung.

Als Mahmud sein Examen an der Akademie mit Auszeichnungen bestanden hatte, wurde Nasir zum Generalleutnant befördert, einem der höchsten militärischen Ränge. Einige Zeit später wurde er mit einer wichtigen Funktion im militärischen Geheimdienst ISI beauftragt, und beorderte den frisch examinierten Mahmud in seinen unmittelbaren Stab.
Mahmud hatte dort die Aufgaben des persönlichen Referenten. So war er stets in unmittelbarer Nähe des Generalleutnants, der bereits 1992 zum Generaldirektor des ISI ernannt wurde.
Sein strategischer Schwerpunkt war die Befriedung Afghanistans, wo nach dem Abzug der sowjetischen Truppen ein blutiger Bürgerkrieg tobte. Nasir lagen Informationen vor, wonach indische Geheimdienste einige der in Afghanistan um die Macht kämpfenden Mudschahedingruppen unterstützen würden. Sollte diese Information richtig sein, und eine indisch dominierte Gruppe in Afghanistan an Einfluss gewinnen, dann wäre Pakistan in der prekären Lage, vom Osten und Westen her in eine Zangenlage zu geraten. Eine gefährliche Entwicklung.
Nasir war der richtige Mann für eine solche Aufgabe, war er doch schon einmal - vor dreizehn Jahren, im Dezember 1979 - für den ISI in geheimer Mission in Kabul gewesen. Er traf sich damals mit afghanischen Offizieren zur Lagesondierung; in einem der kältesten Winter in Afghanistan.
Auch in Moskau dürfte der Dezember 1979 als einer der kältesten Wintermonate für die nächsten dreißig Jahre in Erinnerung bleiben. In den Nächten vor dem 25. Dezember hatte Eisregen für schwere Störungen gesorgt. Nur langsam kehrte auf den Verkehrsknotenpunkten in und um Moskau das normale Leben nach Weihnachten zurück. Doch noch waren zehntausende Menschen in Moskau und Umgebung von den Stromausfällen betroffen.
In Domodedowo, dem wichtigsten Flughafen der sowjetischen Hauptstadt, wurden immer noch Flüge gestrichen oder kamen

mit vielen Stunden Verspätung an.
In dieser Eisnacht vom 25. auf den 26. Dezember 1979 landeten erste Teile der für den Krieg in Afghanistan neu gebildeten sowjetischen 40. Armee in Kabul.
7 000 Elitesoldaten der 103. Witebsker Luftlandedivision besetzten den Flughafen und weitere zentrale Punkte der afghanischen Hauptstadt.
Einen Tag später marschierten sowjetische motorisierte Schützendivisionen über die Landesgrenze in Afghanistan ein.
Mit der Operation Storm-333 erreichten Teile einer insgesamt 650 Mann starken Sondereinheit des sowjetischen Geheimdienstes KGB mit Angehörigen der militärischen Spezialeinheit Speznas am 27. Dezember 1979 den Regierungspalast.
Der afghanische Ministerpräsident Hafizullah Amin wurde von Soldaten in afghanischen Uniformen getötet.
Der sowjetisch-afghanische Krieg hatte begonnen.
Nasir konnte damals unerkannt, mit Hilfe paschtunischer Freunde aus Kabul entkommen, und gelangte auf Schleichwegen wieder zurück auf pakistanisches Gebiet.

Nasir reiste nun, nachdem die Sowjets vertrieben waren, erneut in geheimer Mission in Richtung afghanisches Grenzgebiet, um die Interessen Pakistans zu vertreten. Sein Ziel war diesmal Peschawar, nur begleitet von Mahmud und seinen besten Leibwächtern.
In langwierigen Gesprächsrunden formte Nasir eine Koalition zwischen den Mudschahedin. An diesen Abenden kam ihm seine solide religiöse Ausbildung zugute. Nasir war in Pakistan durch seine vielen Schriften zur Rolle des Islam und zur Situation Pakistans als aufrechter Muslim und Patriot geachtet und geschätzt.
Mahmuds hauptsächliche Tätigkeit in Peschawar bestand darin Tee zuzubereiten und dafür zu sorgen, dass alle Teilnehmer gut versorgt waren. Dadurch war er ständig dabei, im engsten Kreis der wichtigen Männer für die Zukunft Afghanistans.

Die Verhandlungen waren sehr erfolgreich. Nasir erreichte eine von allen Mudschahedin akzeptierte Lösung: Der Weg für die erste islamische Regierung in Kabul nach dem Fall der sozialistischen Regierung war geebnet.
Nasir hatte jedoch dafür Sorge getragen, dass bei dieser Allianz die Gruppe um Hekmatyar ausgeschlossen blieb. Denn dort vermutete er den von ihm so gefürchteten indischen Einfluss.
Erster Präsident in Afghanistan nach dem Einzug der Mudschahedin in Kabul wurde übergangsweise Sibghatullah Mojaddedi, ein afghanischer Religionsgelehrter. Nasir fühlte sich mit Mojaddedi verbunden, sowohl in ihren religiösen Ansichten, als auch in der loyalen Ausübung von Macht im Sinne des Korans. Mojaddedi war maßgeblich daran beteiligt, eine große Ratsversammlung der Ältesten Afghanistans, eine Loja Dschirga, einzuberufen.
Mahmud hatte in den Tagen von Peschawar viel über den Einfluss von Religion auf Politik gelernt. Er bewunderte Nasir für dessen Fähigkeit, unterschiedliche Meinungen zusammenzubringen und im Sinne Aller Kompromisse zu schliessen, die für die Beteiligten akzeptabel waren.
Aber ihm wurde auch klar, dass Nasir dabei seinem Prinzip stets treu blieb und immer das Wohl Pakistans und die Befolgung der islamischen Regeln berücksichtigte.
Und noch etwas Wesentliches hatte Mahmud in diesen Tagen gelernt. Man sollte seine Gegner nie unterschätzen und seine Lagebeurteilungen nicht durch Vorurteile beeinträchtigen lassen. Wie oft hatte er in früheren Gesprächen im Hauptquartier in Islamabad gehört, die Gruppen in Afghanistan seien Terrorgruppen. Vor allem bei Besuchen westlicher Geheimdienste wurde diese Einschätzung sehr häufig geäußert. Die internationalen Partner drängten stets darauf, dass man mit Terroristen nicht verhandeln dürfe. Hier in Peschawar hatte Mahmud von Nasir gelernt, dass derartige Worthülsen keine Kategorie eine strategischen Kriegsführung sein konnte.

Nasir hatte ihn gelehrt, dass Terror und Gewalt ein Problem innerhalb Pakistans sei und man müsse diese Geisel Pakistans bekämpfen, unnachsichtig bekämpfen. Gegen äußere Feinde gälten jedoch ausschließlich militärische Optionen. Mahmud war von der Brillanz seines Vorgesetzten sehr beeindruckt.
Aber noch etwas anderes verband die beiden Männer. Nasir war ebenfalls seit seiner Jugend Mitglied der TJ, jener Organisation, die Mahmud während seines Studiums in Karatschi schätzen gelernt hatte und der er voller Überzeugung beigetreten war. Nasir war auch der erste hohe General Pakistans, der trotz der Zugehörigkeit zur TJ eine steile Karriere im Geheimdienst machte.
Nach der Ablösung Nasirs als Generaldirektor des ISI auf Betreiben der amerikanischen Administration blieb Mahmud bei General Nasir. In Pakistan werden solche Dinge pragmatisch gelöst. Mit der Ablösung Nasirs ist man zwar einer Forderung der USA entgegengekommen, aber dessen Einfluss auf die pakistanische Politik hat das nicht geschmälert. Eher im Gegenteil. Sein loyales Verhalten stärkte seine Position bei pakistanischen Entscheidungsträgern. Weitere wichtige Aufgaben warteten auf den General, dieses Mal jedoch in einem anderen Teil der Welt.
Der Umbruch der globalen Machtstrukturen, die nach dem Zweiten Weltkrieg so fest gefügt schienen, wurde sichtbar in der Niederlage der Sowjetunion in Afghanistan.
Das kriegerische Abenteuer war ein wirtschaftlicher, militärischer und politischer Offenbarungseid. Der Niedergang des Sowjetreichs wurde durch den Waffengang in Afghanistan erheblich beschleunigt. Die Wechselwirkungen waren in allen Regionen des sowjetischen Machtbereichs spürbar.
So auch in Osteuropa und auf dem Balkan.
Eine der Folgen war die Zerschlagung des sozialistischen Jugoslawien, und die militärischen Auseinandersetzung beim Entstehen der neuen Staaten Serbien, Kroatien, Bosnien, Montenegro und des Kosovo, die nun ihre sprachlichen, ethnischen

und religiösen Unterschiede neu entdeckten. Diese Umwälzungen führten zu brutalen Kämpfen zwischen den verfeindeten Parteien mit grausamen Vertreibungen ethnischer oder religiöser Minderheiten. Die schlechteste Ausgangsposition hatte die überwiegend muslimische Bevölkerung in Bosnien und Herzegowina.

General Nasir hatte den geheimen Auftrag, den belagerten Bosniaken zu Hilfe zu kommen. Das Massaker in Srebrenica hatte die Unterstützung aus den islamischen Ländern für Bosnien nochmals massiv verstärkt. Mahmud begleitete Nasir auf der Erkundungsmission nach Europa.

Im Gegensatz zu Nasir war Mahmud noch nie in Europa gewesen. Nach einer Lagebesprechung mit Experten ihres Außenministeriums reisten sie nach Österreich. Sie schlugen ihr Quartier in Wien auf.

In einem kleinen, unauffälligen Hotel in der Nähe der pakistanischen Botschaft, am Wertheimsteinpark, hatten sie für fünf Tage Zimmer reserviert. Nasir hatte das einzige Apartment des Hotels gebucht, so dass man sich auch dort zu Gesprächen zurückziehen konnte. Mahmud hatte sicherheitshalber ausreichend Tee in seinem Koffer verstaut. Er war sich sicher, dass er in Wien keine Zeit haben würde, welchen zu besorgen.

Aus Sicherheitsgründen trafen sie sich in Wien nur mit dem akkreditierten Militärattaché außerhalb der pakistanischen Botschaft. Weitere Botschaftsangehörige waren nicht über die heikle Mission informiert worden.

Nasirs Mittelsmänner und Informanten meldeten sich jeweils über eine Kontaktperson, einen in Österreich lebenden Pakistani. Er arbeitete schon lange Jahre für den pakistanischen Geheimdienst. Die Treffen fanden immer mitten in der Stadt, an einem belebten Platz oder im Kaffeehaus statt. Nasir und Mahmud trennten sich stets nachdem sie das Hotel verlassen hatten. Nach den Treffen in der Stadt nahmen sie unterschiedliche Wege zurück. Sie achteten darauf, zeitversetzt das Hotel zu verlassen und zu betreten. So waren sich die beiden

Männer sicher, dass ihre Aktivitäten nicht durch Dritte beobachtet wurden.
Die Berichte der Gewährsleute waren eindeutig: Der Belagerungsring der Serben wurde mit jedem Tag enger und die Zeit für Waffenlieferungen wurde knapp. Nasir entschied sich daher bereits nach drei Tagen zur Rückreise nach Islamabad.
Nachdem die beiden Offizier zurück in Pakistan waren, organisierte Nasir mit Unterstützung islamischer Freiwilliger den Lufttransport von hochwertigen panzerbrechenden Waffen. Damit wurde die Wende im Bosnienkrieg eingeleitet. Mit den neuen, modernen Waffen konnten die Bosniaken den Belagerungsring der Serben sprengen, und eine Gegenoffensive einleiten.
Nach diesem erneuten Erfolg wurde General Nasir hoch dekoriert und in der pakistanischen Armee zu einer Legende.
Mahmud profitierte vom Ruhm seines Förderers. Er wurde schnell zum Major befördert. Als Nasir den Militärdienst quittierte, wegen der seiner Auffassung nach zu stark auf Amerika aus gerichteten Politik der pakistanischen Regierung, blieb Mahmud bei der Armee. Er diente zunächst bei einem Infanterieregiment im Norden an der Grenze zu Kaschmir und erwarb sich einen guten Ruf als Kompaniechef. Schon bald vertraute man ihm ein Regiment an, was mit einer Beförderung zum Oberstleutnant verbunden war.

3.

Der pakistanische Geheimdienst ISI hatte dabei die weitere Karriere Mahmuds stets im Blick. Nachdem es 2000 im pakistanischen Teil Kaschmirs zu einem schwerwiegenden Überfall des indischen Militärs gekommen war, wurde Nasir in das Hauptquartier des ISI in Islamabad bestellt. Die indischen Soldaten hatten vierzehn Zivilisten getötet und mehrere pakistanische Mädchen entführt. Die Mädchen wurden grausam misshandelt und ihre abgeschnittenen Köpfe vor pakistanischen Militärgebäuden abgelegt. Eine ungeheure Provokation

für die Menschen in Pakistan. Man musste schnell handeln und einen Vergeltungsschlag führen, anderenfalls befürchtete man unberechenbare Reaktionen der Bevölkerung.
Der Schlag durfte jedoch kein offizieller militärischer Angriff sein; das hätte Krieg bedeutet. Mahmud wurde mit dieser schwierigen Aufgabe betraut.
Er erinnerte sich eines Kontaktes aus der Zeit in Peschawar. Dort hatte er einen Ilyas Kashmiri bei den Verhandlungen mit den Mudschahedin kennengelernt.
Kashmiri erschien ihm geeignet, eine solche Aktion schnell und präzise durchzuführen. Er war mittlerweile zum Kommandeur einer eigenen Gruppe von Kämpfern aufgestiegen und operierte vornehmlich im pakistanisch-indischen Grenzraum. Kashmirir hatte sich aber seine guten Kontakte zum Regime der Taliban in Kabul und zu al-Qaida bewahrt. Und er erledigte den Auftrag von Mahmud auf seine Weise. Er entführte mit seinen Männern einen indischen Offizier und köpfte ihn; der Kopf wurde auf einem Basar zur Schau gestellt.
Die Aktion führte zwar zu dem vom Geheimdienst beabsichtigten Ergebnis, die aufgebrachte Menge konnte befriedet werden. Doch die Art und Weise wie Kashmiri den Auftrag ausgeführt hatte, war nicht im Sinne von Mahmud und anderer Offiziere im Geheimdienst.
Mahmud spürte nun zum ersten Mal, dass es innerhalb des Dienstes unterschiedliche Fraktionen gab. Eine starke Strömung unterstützte die islamistischen Kräfte in der Region und setzte für die Zukunft auf streng islamisch ausgerichtete Regierungen. Andere Offiziere befürworteten eine eher prowestliche Ausrichtung mit starker Anlehnung an die USA. Eine dritte Gruppe sah sich ausschließlich dem Wohle Pakistans verpflichtet, und stand den beiden anderen Lagern distanziert gegenüber. Erst in den Tagen des Einsatzes gegen Indien erkannte Mahmud diese verschiedenen Strömungen, und konnte die jeweiligen Meinungsträger zuordnen.

Er traf sich in den folgenden Tagen mit seinem Mentor Nasir, ihm vertraute er. Nasir bestätigte ihn in seiner Einschätzung. Nasir fühlte sich immer den Offizieren nahe, die sich für Pakistan einsetzten. Die beiden anderen Lager betrachtete er mit Distanz und Skepsis. Obwohl er ein frommer Mann war und die Vorschriften des Islam beherzigte, war ihm insbesondere die islamistische Fraktion im Geheimdienst suspekt. Er verabscheute ihren Hang zu grausamer Gewalt und vermisste die Fähigkeit zum Kompromiss.

Mahmud forderte er auf, trotz dieser schwierigen Lage im Dienst zu bleiben und die patriotischen Kräfte, wie er sie nannte, zu stärken. Mahmud folgte der Aufforderung; beide hielten jedoch engen Kontakt. In allen schwierigen Lagen holte sich Mahmud den Rat des Älteren ein.

Es blieb allerdings in der Zeit nach *9/11* und dem Einmarsch der westlichen Truppen in Afghanistan nicht aus, das Mahmud und die Gruppe der Patrioten immer stärker isoliert wurden und zusehends an Einfluss verloren.

Auch blieb ihm nicht verborgen, dass die beiden anderen Fraktionen sich gegenseitig ausspielten und gegeneinander arbeiteten. So wurden einerseits die Taliban und al-Qaida unterstützt und ihnen erlaubt, auf pakistanischem Gebiet Rückzugslager und Nachschubdepots einzurichten.

Auf der anderen Seite arbeitete der Dienst auch mit westlichen Geheimdiensten zusammen und gab Informationen weiter, die zu militärischen Aktionen gegen aufständische Kämpfer führten.

Mahmud war in dieser Zeit in gewisser Weise orientierungslos, er befürchtete, seinen inneren Kompass zu verlieren. Um ihn herum wurden leere Phrasen vom Kampf gegen den Terrorismus zum alltäglichen Geschwätz. Alle waren mal Terroristen, mal Mudschahedin, dann wieder Mörder, um schon bei nächster Gelegenheit unterstützt zu werden.

Vor allem erkannte er nicht, wo der Nutzen für sein Land sein sollte. Die Unterstützung der Amerikaner und ihrer

Verbündeten würde nach seiner Erfahrung Pakistan nicht angerechnet werden.
Diese Situation hatte er bereits nach dem Ende des ersten Afghanistankriegs erlebt. Kaum waren die sowjetischen Truppen geschlagen, ließ man Pakistan mit den Kriegsfolgen alleine. Und die Taliban hatten, nachdem sie an der Macht waren, ein Terrorregime installiert und Gelder von allen Staaten – auch von Indien – genommen; entgegen allen pakistanischen Interessen. Und al-Qaida, das waren für ihn fanatische Desperados, die nur ihrem Führer Bin Laden blind folgten. Die scheinbaren religiösen Begründungen, die er aus deren Mündern hörte, hielten keinem ernsthaften Studium des Korans stand. Es war eine totalitäre Ersatzreligion der sie folgten, verkündet von isolierten Führern, die sich in den Bergen versteckt hielten.
Mahmud war zunehmend verunsichert; er befürchtete, dass er sein Gespür für die politische und gesellschaftliche Entwicklung in Pakistan verloren hatte.
Doch Nasir richtete ihn in einfühlsamen Gesprächen stets wieder auf. Er dürfe nicht den Mut verlieren, er solle sich nicht exponieren und auf den richtigen Moment warten; Pakistan brauche ihn noch.
Mahmud benötigte dafür allerdings einen langen Atem. Er fand ihn in seinen Gebeten, und in Gesprächen mit seiner Familie, die er über die Jahre nie vernachlässigte und immer wieder in Karatschi besuchte.
Im Mai 2011 war es dann soweit: Mahmud wurde angerufen und in das Hauptquartier des Geheimdienstes beordert. Dort traf er auf den kompletten Generalstab des Hauses und alle Chefs des Dienstes. Die Stimmung war niedergeschlagen und gleichzeitig explosiv. Vor wenigen Stunden hatten amerikanische Spezialkräfte Osama bin Laden in Abbottabad aufgespürt und getötet. In einem Haus ganz in der Nähe der Militärakademie und der Schule für den Geheimdienst. Niemand im Dienst hatte angeblich davon Kenntnis gehabt, und auch

von dem Einsatz der Amerikaner war der gesamte Geheimdienst überrascht worden.
Der Generaldirektor hatte sich in einer Stunde im Präsidentenpalast einzufinden. Er habe dort Rede und Antwort zu stehen. In dem Lageraum herrschte Schweigen, keiner der Offiziere blickte in die Augen des anderen. Der Generaldirektor bestimmte zur allgemeinen Überraschung Mahmud zu seiner Begleitung. Er vertraute wohl in diesem Moment keinem anderen Berater.
Nach ihrer Unterredung mit dem Präsidenten gab die pakistanische Regierung die erste offizielle Stellungnahme heraus: Sie verurteilte die amerikanische Aktion als Verletzung pakistanischer Souveränität und bestritt jede Kenntnis über den Aufenthalt von Osama Bin Laden in Pakistan.
Gleichzeitig sicherte man den USA die weitere Zusammenarbeit zu, soweit es im Interesse Pakistans läge.
Der Präsident war mit Mahmuds Beratung sehr zufrieden. Er fühlte dessen patriotische Einstellung bei den Besprechungen zur Pressekonferenz und bei den Erörterungen, wie man am besten weiteren Schaden von Pakistan abhalten könne.
Dagegen erschien ihm der amtierende Generaldirektor des Geheimdienstes erschöpft und ausgelaugt. Die Ereignisse der vergangenen vierundzwanzig Stunden schienen ihm seiner Kräfte beraubt zu haben. Er hatte wohl erkannt, dass sich Abläufe im Geheimdienst verselbständigt hatten.
Sein Einfluss war zu gering geworden, als dass er noch Herr der Geschehnisse gewesen wäre. Für den Präsidenten eine gefährliche Situation; er musste jetzt handeln.
Zwei Tage später wurde Mahmud zum Generaldirektor des pakistanischen Geheimdienstes ernannt. Er entschied sich eindeutig für eine enge Kooperation mit den amerikanischen Stellen; er sah keine andere Lösung, um die Reputation Pakistans zurück zu gewinnen.
In stillem Einvernehmen mit dem Präsidenten lieferte von nun an der Geheimdienst Informationen über mögliche Verstecke

von al-Qaida-Leuten in Pakistan an die Amerikaner. Diese nutzen die Meldungen zur Vorbereitung von Angriffen mit unbemannten Flugobjekten, so genannten Drohnen.
Öffentlich wurden diese Angriffe stets als Verletzung der pakistanischen Hoheitsrechte verurteilt.
Mahmud hatte diese Vorgehensweise wie immer mit Nasir besprochen und sich dessen Segen dazu eingeholt.

## E. Dennis Müller, deutscher Dschihad-Kämpfer

1.
Als Dennis Müller mit seinem Vater aus dem Dorf, in dem er aufgewachsen war, in die Nähe von Frankfurt am Main zog, geriet seine bisherige Welt aus den Fugen. Sein Vater Fred stammte eigentlich aus Mainz, arbeitete aber schon seit Jahren als ziviler Angestellter und Dolmetscher bei der amerikanischen Luftwaffe auf dem Flughafen Hahn im Hunsrück. Zwei Jahre vor Dennis' Geburt 1980 hatte er seine Frau Annette bei einem Urlaub am Gardasee kennen gelernt. Annette war damals gerade zweiundzwanzig Jahre alt. Ihre Eltern waren Russlanddeutsche und aus Kasachstan nach Deutschland gekommen. Als Annette mit Dennis schwanger war, heiratete sie Fred und zog zu ihm in das Dorf im Hunsrück. Fred hatte ein nettes Reihenhaus am Dorfrand gekauft und für die Familie hergerichtet.
Dennis wuchs in einem liebevollen und behüteten Umfeld auf. Da Annette ihre Ausbildung wegen der Schwangerschaft abgebrochen und nicht wieder aufgenommen hatte, fand sie keine Arbeit und konnte sich ganz dem Sohn widmen.
Fred lebte nur für seine Familie und seine Arbeit bei der amerikanischen Luftwaffe. Die Müllers hatten so gut wie keine Kontakte im Dorf, nur die Eltern von Annette waren häufiger zu Besuch.

Fred hatte zu seinen Eltern keinen Kontakt mehr. Dennis hatte zu seinem Großvater ein inniges Verhältnis und liebte es, wenn er von Kasachstan erzählte und von seinem früheren Leben als Ingenieur eines russischen Erdölkombinats.
Dann konnte Dennis nicht genug bekommen von den Schilderungen über das weite, ferne Land, seine exotischen Bewohner und die wilden Gegenden. Der Großvater erzählte ihm von gefährlichen Jagdabenteuern in den Bergen, und Ausritten in endlosen Steppen von Kasachstan, wo er in den Zelten von Nomaden übernachtete. Dennis hatte das Gefühl, als sei er schon selbst in Kasachstan gewesen. Nachts träumte er oft, er sei mit den wilden Horden der Mongolen unterwegs. Sie eroberten andere Länder und waren mutige Krieger. Es war auch der Großvater, der Dennis die russische Sprache beibrachte, so dass er sich oft mit seiner Mutter Annette auf Russisch unterhalten konnte. Dies gefiel seinem Vater allerdings nicht, Fred war dann immer verärgert und meinte, Dennis solle lieber Englisch lernen.
In der Schule hatte Dennis keinerlei Probleme. Er war ein aufgeweckter Schüler und bei den Klassenkameraden beliebt, auch wenn diese ihn manchmal wegen seiner Vorliebe für Kasachstan aufzogen. Bald hatte er auch einen Spitznamen weg: „Mongole" riefen sie ihn.
Als bekannt wurde, dass die Amerikaner ihre Truppenpräsenz verringern wollten, machte sich Fred über die weitere Zukunft der Familie Gedanken, und fing an sich über mögliche berufliche Alternativen zu informieren. Auch Annette hatte nicht mehr die rechte Freude am Dorfleben. Ihre Eltern konnten aus gesundheitlichen Gründen nicht mehr so häufig anreisen. Mit dem Start ihres Sohnes in das Schulleben fühlte sie sich häufig einsam in dem Haus am Dorfrand. In der Nachbargemeinde fand sie eine Freundin, die in einer ähnlichen Situation lebte. Gemeinsam unternahmen die beiden jungen Frauen Ausflüge in die größeren Städtchen der Gegend und bekamen recht bald Kontakt zu einer Gruppe amerikanischer Piloten, die auf der

Air Base Hahn stationiert waren. Für Annette eröffnete sich eine völlig neue Welt. Es dauerte nicht lange und sie hatte sich in einen Major der US Air Force verliebt. Das Leben zu Hause schien ihr jetzt wie ein Gefängnis.
Dennis spürte sofort die Veränderungen bei seinen Eltern. Nichts war mehr wie zuvor. Und für ihn selbst stand nun auch noch der Wechsel in eine weiterführende Schule in einer der entfernter liegenden Gemeinden an. Die Probleme in der Familie wollten kein Ende nehmen und Hilfe von seinem Großvater war nicht zu erwarten. Er war ziemlich krank und Dennis hörte immer häufiger, wie seine Mutter sorgenvoll mit Großmutter am Telefon über den Großvater sprach. Dennis bekam es mit der Angst zu tun. Seine Mutter wurde ihm immer fremder. Russisch wollte sie überhaupt nicht mehr mit ihm reden.
Als Dennis mit seinem Vater an einem der letzten Ferientage von einem Fahrradausflug zurückkam, war Annette verschwunden. Sie hatte einen Brief hinterlassen, in dem sie kurz und bündig erklärte, dass sie mit ihrem neuen Mann John in die USA reisen werde, nicht mehr nach Deutschland zurückkehre und alle weiteren Dinge sie von Amerika aus regeln werde.
Dennis und sein Vater waren fassungslos. Die nächsten Wochen und Monate waren für die beiden eine endlose Spirale in eine tiefe Hoffnungslosigkeit. Sie hatten keinen Mut mehr und konnten sich zunächst auch gegenseitig nicht helfen, so sehr hatte sie dieses Ereignis getroffen. Nur die Großeltern waren, trotz ihrer eigenen Nöte, in dieser Zeit der einzige Halt. Es war vor allem der Großvater, der mit letzter Kraft dafür sorgte, dass sein Schwiegersohn eine neue Arbeitsstelle im Rhein-Main-Gebiet auf dem Flughafen Frankfurt bekam und mit dem Enkel in der Nähe der Großeltern, am Rande der großen Stadt eine neue Wohnung bezog.
Dennis ging nun in eine Realschule in Sindlingen bei Frankfurt. Doch kurz nach dem Umzug in die fremde Umgebung und die neue Schule, verstarb der Großvater. Die Großmutter

veränderte sich jetzt ebenso rapide in ihrem ganzen Verhalten wie auch Fred. Beide verwanden die so kurz aufeinander folgenden Schicksalsschläge nicht. Großmutter pendelte nur noch zwischen ihrer Wohnung und dem Grab ihres Mannes, dessen Pflege ihr einziger Lebensinhalt geworden war. Fred schaffte es gerade noch, einen letzten Rest eines bürgerlichen Daseins für Dennis aufrechtzuerhalten, jedoch ohne ihm emotionalen Halt geben zu können.
Für Dennis war in dieser Phase die Schule eine weitere Hürde, die er kaum schaffte. Er konnte sich nur schwer konzentrieren und hatte massive Schwierigkeiten, dem Unterricht zu folgen. Immer wieder dachte er an die früheren, glücklichen Jahre. Oft passierte es, dass er ganz plötzlich, mitten im Unterricht, glaubte, sein Großvater käme zur Tür herein. Er kam auf ihn zu, nahm ihn an der Hand und gemeinsam gingen sie durch die Tür – nach Kasachstan.

Durch seine mentale Abwesenheit fand er auch kaum Zugang zu seinen neuen Klassenkameraden. Zudem war die Haupt- und Realschule am Rande Frankfurts nicht gerade eine Eliteschule. Der Ton und der Umgang zwischen den Schülern waren ruppig und rau. Eine neue Erfahrung für Dennis. Und noch etwas war für ihn neu: Die Klasse war multikulturell zusammengesetzt. Es waren Schülerinnen und Schüler aus allen Kontinenten dabei, mit einem deutlichen Übergewicht türkischstämmiger junger Menschen. Die zweitgrößte Gruppe waren Jugendliche aus Nordafrika und dem Nahen Osten. Schon zwischen diesen beiden Gruppen häuften sich die Konflikte fast mit jedem Tag. Zunächst nahm Dennis diese Situation nur am Rande wahr, zu sehr war er mit seiner eigenen bedrückenden Situation beschäftigt.
Als er zufällig in eine Auseinandersetzung zwischen türkischen und nordafrikanischen Jugendlichen geriet, half er intuitiv seinem marokkanischen Klassenkameraden Abdeladim. Mit vereinten Kräften gelang es ihnen, sich der Angriffe zu

erwehren und in Sicherheit zu bringen. Abdeladim bat ihn anschließend zu sich nach Hause. Er wohnte mit seinen Eltern und vier Geschwistern in der Nachbargemeinde. Dennis fühlte sich sofort wohl in der großen Familie, die ihn sehr herzlich aufnahm. Mit Abdeladim entstand eine tiefe Freundschaft. Dennis gelang nun wieder der Anschluss in der Schule, und gemeinsam mit seinem Freund Abdeladim schaffte er auch den Realschulabschluss.

2.
Die beiden Freunde bekamen auch im Anschluss eine Lehre, Abdeladim bei einer Handelskette als Einzelhandelskaufmann und Dennis in einer mittelständischen Firma als Bürokaufmann. In dieser Zeit veränderte sich Abdeladim zusehends. Neben seiner Freundschaft zu Dennis pflegte er einen immer stärkeren Umgang mit älteren Nordafrikanern, die sich in einer kleinen Moschee im Industriegebiet der Gemeinde trafen. Diese Treffen nahmen einen wachsenden Anteil an Abdeladims Leben ein, und Dennis geriet dadurch zunächst etwas aus seinem Blickfeld. Dennis hatte in der Zeit ihrer Freundschaft zur islamischen Religion seines Freundes und dessen Familie respektvolle Distanz bewahrt. Er spürte aber, dass diese Religion und die damit verbundenen Rituale seinen Freunden den Halt geben konnten, den er selbst vermisste. Er hatte keine religiösen Anleitungen erfahren. Nur die Großmutter war in den Tagen nach dem Tode ihres Mannes häufiger zu einer russisch-orthodoxen Gemeinde im Norden von Frankfurt gefahren.
Abdeladim bedrängte ihn immer stärker, mit in die Moschee zu kommen und seine neuen Freunde kennen zu lernen. Letztlich gab Dennis dem Drängen nach, er wollte auf keinen Fall ihre Freundschaft gefährden. Obwohl Dennis sich im Laufe der Zeit einige Grundkenntnisse in Arabisch angeeignet hatte, verstand er ziemlich wenig bei seinen ersten Besuchen in der Moschee.

Von der Atmosphäre war er allerdings begeistert. Und eine alte Wunde brach bei ihm nun richtig auf. Denn soviel verstand Dennis schon bei seinem ersten Besuch; der Vorbeter in der Moschee predigte voller Hass gegen Amerika. Diesen Hass übernahm Dennis ohne zu zögern; hatte doch die Mutter die Familie wegen eines amerikanischen Offiziers verlassen. Seine eigene Geschichte fand sich hier wieder. Er fühlte sich verstanden im Hass gegen Amerika.
Und er fand im Kreise der muslimischen Männer Zuneigung und Wärme. Dies hatte er schon lange nicht mehr erfahren. Dennis lernte nun eifrig Arabisch und beschäftigte sich intensiv mit dem Islam und dem Koran. Abdeladim war stolz auf seinen Freund, er wurde gelobt dafür, dass er einen neuen Gläubigen auf den richtigen Weg bringen würde. Er forderte Dennis auf, zum Islam überzutreten.
An einem Freitag, nach dem Abendgebet, bekannte sich Dennis im Kreise der Anwesenden zu Allah: „Ich bekenne, dass es keinen Gott außer Allah gibt und das Mohammed der Gesandte Allahs ist."
Mit dieser prägnanten Form der *Schahada*, einem Hauptsatz aus dem Glaubensbekenntnis des Korans, war Dennis zum Islam konvertiert. Er hatte Mohammed und mit diesem auch den Koran als offenbartes Wort Gottes anerkannt.
Dennis sparte von nun an sein Lehrgeld für eine Reise nach Ägypten. Er wollte unbedingt seine Kenntnisse und sein Wissen über den Islam vertiefen. Der Imam der Moschee in Frankfurt hatte ihm ein Institut in Alexandria empfohlen. Endlich war es soweit, Dennis hatte seine Lehre absolviert und genug Geld zur Seite gelegt. Ein Empfehlungsschreiben hatte er in der Tasche. Nach der Verabschiedung von seinen Freunden in der kleinen Moschee machte er sich auf den Weg.

Ende September kommt er an: In Alexandria, Stadtteil Miami, in Ägypten, ein Zentrum islamistischer Sprachschulen. Eine davon ist das *Qortoba Institute for Arabic Studies*. So stand es auf dem Schild an der Tür an dem Haus in einer engen Seitenstraße in dem bunten Viertel Miami. Als Dennis sein Empfehlungsschreiben Hasan, dem Buchhalter, überreicht, wechselte die abweisende Stimmung in ein freundliches Willkommen. Hasan erklärte ihm die wichtigsten Dinge für die ersten Tage. Danach führte ein Junge Dennis in sein Zuhause für die nächsten Wochen. Er folgte dem jungen Ägypter durch mehrere Gassen mit Wohntürmen. Die Wohnung lag im 17. Stock eines Hauses. Der Seesack wurde langsam schwer und Dennis war froh, endlich angekommen zu sein. Auf das Klopfen des Jungen öffnete ein junger Mann, etwa in gleichem Alter wie Dennis. Er begrüßte ihn mit „Assalam alaikum" und stellte sich auf Englisch als Selim aus London vor.

Gemeinsam gingen sie von nun an in das Institut und lernten Arabisch und den Koran. Die Tage waren angefüllt mit Lehren und Gebeten. Die Schule füllte zwei Stockwerke: Fünf Klassenräume und zwei Aufenthaltsräume, sowie ein Gebetsraum. Sie waren spartanisch ausgestattet, aber sauber. Dennis, Selim und drei weitere Schüler trafen sich täglich in dem kleinsten Klassenraum; sie waren Anfänger im Sprachunterricht. Bilal war ein dreizehnjähriger Junge aus Dagestan, Munir kam aus Mali und war etwa im gleichen Alter wie Dennis und Selim, Rashid kam aus Kasachstan und war der älteste in der Klasse. Dennis war begeistert, Rashid stammte aus dem Land seine Kinderträume; er konnte sich mit ihm tatsächlich auf Russisch unterhalten. Neben dem Sprachunterricht und religiösen Unterweisungen waren zwei Themen ständig auf der Tagesordnung: Die Attacken von al-Qaida gegen amerikanische Botschaften in Afrika und die folgenden Bombardierungen Afghanistans und des Sudan sowie der Krieg Russlands in Tschetschenien gegen die dortigen Glaubensbrüder. Dennis merkte bald, dass die Diskussionen unterschiedliche Gewichtungen erfuhren; Selim betonte in seinen Reden vor allem al-Qaida und die Anschläge in Ostafrika. Er war in England aufgewachsen und sein Hass richtete sich eindeutig gegen alles

Westliche und vor allem alles Amerikanische. Rashid hingegen war ganz auf Russland fixiert. Er machte allen klar, dass er nach seiner Rückkehr nach Zentralasien nach Tschetschenien gehen werde, um dort gegen die Russen zu kämpfen. Dennis hörte den Tiraden zu, ohne sich selbst daran zu beteiligen. Vielmehr studierte er eifrig den Koran, um viele Dinge, die ihm bisher fremd waren, besser verstehen zu können. Wenn er zurück nach Frankfurt kommen würde, wollte er seinen Freund und die anderen Brüder mit seinen Kenntnissen überraschen. Doch Selim redete im eifriger auf Dennis ein; er sei doch aus Deutschland und ein guter Muslim. Er kenne einige gute Muslime, die in Deutschland lebten und gegen die Amerikaner kämpfen wollten. Dennis wolle doch auch gegen diese Kreuzritter kämpfen?
Dennis versuchte manchmal das Thema in eine andere Richtung zu lenken; er hatte bemerkt, dass Selim stets ein kleines Büchlein mit dem Titel *Fortress of the Muslim* bei sich trug. Es war ein Ratgeber für alle erdenklichen Gelegenheiten und führte entsprechende Bittgebete dazu auf. Dennis hatte auch ein Gebet vor dem Beischlaf mit der Ehefrau darin gelesen. Dieses Thema interessierte Dennis in letzter Zeit ziemlich stark. Daher befragte er Selim zu dessen Erfahrung und Wissen beim Umgang mit Frauen. Das war ein voller Erfolg, wie sich bald herausstellen sollte. Denn nachdem Dennis ihn auf seine Meinung zu Frauen und zu der Ehe angesprochen hatte, war Selim ganz in seinem Element. Offensichtlich war er auf diesem Gebiet ein richtiger Fachmann. Viele Stunden vergingen nun in der gemeinsamen Wohnung, in denen Selim von den Frauen schwärmte und ganz besonders von Frauen aus dem Sudan. Sie seien die schönsten Frauen auf der ganzen Welt; sollte er einmal als Märtyrer gen Himmel fahren, so war er sich ganz sicher, dass für ihn sudanesische Jungfrauen ausgesucht seien, um ihm, Selim zu dienen. Doch noch sei er zufrieden mit Luba, der Frau aus dem Sudan, die er als Ehefrau ausgewählt habe. Sie wartete in London auf ihn, denn

nach seiner Rückkehr würden sie nach islamischem Recht heiraten. Danach beabsichtigten sie gemeinsam nach Afrika aufzubrechen, um für den Islam in den Dschihad zu ziehen und gegen die amerikanischen und europäischen Kreuzritter zu kämpfen.

Dem Imam am Institut in Alexandria blieb nicht verborgen, dass seine Schüler empfänglich waren für die islamistischen Parolen, die er in die Gebete einflocht und die Hass gegen die USA, gegen die Juden und die westliche Welt predigten. Er sah mit Wohlwollen neue Kämpfer für die Sache der Islamisten in seiner Schule heranwachsen. Das würde seinen Ruf in der fundamentalistischen Gemeinde stärken, und ihm weitere Gelder aus den Töpfen saudi-arabischer Wohlfahrtsverbände sichern, die zum Großteil das Institut finanzierten. Nur so konnte er Stipendien wie beispielsweise für den Jungen aus Dagestan anbieten. Denn je früher die Jungen in seiner Obhut waren, umso besser konnte er fanatische Kämpfer formen. Das war sein Beitrag für den Dschihad; ihm war das Paradies sicher.
Auch alles was er über Dennis in Erfahrung bringen konnte, hatte er an seine Mittelsmänner weitergegeben. Ihm war bereits bedeutet worden, dass man an dem deutschen Bruder ein besonderes Interesse habe.[12]

Dennis wurde mit zwei Aufträgen nach dem Abschluss seiner Studien in Alexandria nach Deutschland zurückgeschickt: Einem von Selim und einem von dem Imam.
Selim hatte ihn gebeten, Verwandte des Clans seiner zukünftigen Frau Luba aufzusuchen. Diese wohnten im Ruhrgebiet in einer Stadt die Esse oder so ähnlich hieße. Sobald auch er, Selim, zuhause sei, würde er ihm eine E-Mail mit der

12 Anm.: Die geschilderten Begebenheiten in Alexandria sind angelehnt an die Reportage "Grundkurs Islamismus", Zeitmagazin Nr. 50 vom 9. Dezember 2010.
Der Autor verbrachte vier Wochen undercover in Alexandria als Student einer Arabisch-Sprachschule.

Telefonnummer zusenden. Dennis müsse auf jeden Fall zu dieser Familie gehen; sie habe auch mehrere, sehr hübsche Töchter. Das wäre doch eine feine Sache, wenn Dennis auch eine Frau aus dem Sudan auswählen würde, meinte Selim. Dennis versprach ihm, dass er den Besuch machen werde, sobald er die Adresse habe.
Der Imam beauftragte Dennis damit, eine Botschaft an einen Bruder in Hamburg zu überbringen. Er gab ihm einen Brief mit, der verschlossen und gesiegelt war. Der Empfänger sei ein saudischer Bruder und lebe mit anderen Brüdern in Deutschland; sein Name sei Ahmed Nami. Die Botschaft sei von großer Wichtigkeit und Dennis solle niemanden von diesem Brief erzählen. Er solle ihn auch nur Ahmed übergeben. Er beschrieb Ahmed, der ein kleines rotes Muttermal unter dem rechten Ohr habe, und trug Dennis auf, ihn in Hamburg in der Al-Quds-Moschee aufzusuchen. Es sei ganz leicht, er solle einfach nach Ahmed fragen. Falls Ahmed weitere Aufträge für ihn habe, so sei es seine Pflicht als Muslim, diese auszuführen.
Dennis war stolz darauf, dass der Imam ihm eine offenbar sehr wichtige Botschaft mitgeben würde. An der ganzen Art der Unterredung spürte Dennis, dass die Botschaft etwas Besonderes war. Er bedauerte zugleich, dass er davon seinen Freunden in Frankfurt nicht berichten durfte. Der Imam hatte sehr eindringlich darauf hingewiesen.

3.

Dennis blieb nach seiner Rückkehr nur kurz in Frankfurt. Er besuchte seinen Vater, der immer stärker in Depressionen verfiel. Bald würde er es nicht einmal mehr schaffen, zur Arbeit zu gehen. Wieder spürte Dennis den Hass gegen alles Amerikanische. Er erzählte seinem Vater von seiner Reise nach Ägypten ohne irgendwelche Einzelheiten zu erwähnen.
Nach einigen Tagen gemeinsamer Gebete und Gespräche in der kleinen Moschee packte Dennis ein paar Sachen ein und machte sich auf den Weg nach Hamburg. Wie versprochen,

reiste er über Essen und überbrachte der sudanesischen Familie die Grüße von Selim. Er blieb dort eine Nacht, allerdings ohne sich für die von Selim so gepriesenen Töchter sonderlich zu interessieren. Früh am nächsten Morgen reiste er weiter nach Norden.

Dennis suchte in Hamburg die Al-Quds-Moschee auf direktem Weg auf. Es war später Nachmittag, als er dort eintraf. Er erkannte den Imam auf den ersten Blick. Er war eine imposante Erscheinung: Sehr groß und schlank, geradezu hager. Sein schwarzer Vollbart reicht ihm bis zum unteren Ende des Brustkorbs.

Dennis ging direkt auf ihn zu, ihm wurde aber sofort von zwei Männern bedeutet, dass er zunächst ihnen erklären solle, was er wünsche. Sie würden es dann dem Imam vortragen. Dennis erklärte ohne Umschweife, dass er eine Botschaft aus Alexandria für Ahmed dabei habe und diese nur Ahmed persönlich übergeben dürfe. Der Weg zu Ahmed führe über den Imam der Moschee. Einer der Männer ging zu Imam Fazazi und erklärte ihm das Anliegen. Fazazi schaute zu Dennis und gab dem Mann leise Anweisungen: Dennis solle am nächsten Morgen um zehn Uhr in der Moschee sein. Er könne dem Abendgebet folgen und bei den Brüdern der Tablighi Jamaat übernachten; ihr Gästehaus sei nicht weit von der Moschee entfernt. Dennis dankte und blieb zum Gebet.

Die Predigt von Mohammed Fazazi dauerte über zwei Stunden. Immer wieder ging er auf die Beziehung von Muslimen zu Ungläubigen ein: Dürfen Muslime Ungläubige bestehlen? Dürfen Muslime Dokumente fälschen? Dürfen Muslime auch Kinder töten, die den Islam beschmutzt haben? Alle diese Fragen hatte der Imam von Brüdern gestellt bekommen im Laufe der letzten Tage. Und jetzt begutachtete er diese und viele anderen Fragen. Er wog dabei sorgfältig ab und stellte jeweils den Argumenten dafür auch Argumente dagegen gegenüber. Und er kam zu der Antwort: Ja, alles das dürfen Muslime.

Dennis spürte nach diesem Abend erstmals in aller Deutlichkeit, dass er sich nicht nur im Kreise einer neuen religiösen Familie bewegte, die ihm Zuneigung und Anerkennung gab. Das war mehr, das war ein Weg, von dem es wohl kein Zurück gab.
Das Treffen mit Ahmed verlief problemlos, Dennis übergab ihm den Brief. Beide unterhielten sich noch etwas über den Islam und den rechten Weg zum Glauben. Ahmed unterstützte Dennis bei seinem Weg und forderte ihn auf als nächsten Schritt eine Hajj zu machen, eine Pilgerreise nach Mekka. Er zitierte den Koran: „Und die Pilgerfahrt zu diesem Hause ist den Menschen eine Pflicht vor Allah, wer immer eine Möglichkeit dazu findet. Und vollzieht die Hajj und die Umra allein für Allah!"
Ahmed bat Dennis noch zum Abschied, keinem von dem Treffen zu berichten. Man sei überall von Feinden umgeben. Auch solle er keinen Kontakt mehr zu ihm suchen, Ahmed und seine Brüder seien auf einer wichtigen Mission.
Dennis kehrte nach Frankfurt zurück und bereitete sich mit seinem Schulfreund Abdeladim auf eine Hajj vor. Abdeladim war begeistert von dem Vorschlag. So gingen beide mit Feuereifer daran, die Reise vorzubereiten. Ein guter Muslim sollte zumindest eine Pilgerfahrt in seinem Leben gemacht haben. Für Dennis waren schon die Planungen und Studien für die Reisen ein weiteres Eintauchen in die Welt des Islam.
Die Hajj gehört zu einer der fünf Pfeiler des Islam. Sie findet nur zu einer bestimmten Zeit statt, dem letzten Monat des islamischen Jahres, dem *Dhul-Hidscha.* Und zur Vorbereitung der Reise gehört es auch, seine Familie und Freunde aufzusuchen und um Verzeihung zu bitten. Dennis nahm diese Pflicht gerne als Anlass, um seine Großmutter und seinen Vater zu besuchen. Die Besuche waren für ihn erstaunlicherweise eine Bestätigung seines Wegs. Vor allem sein Vater reagierte wohlwollend auf die Hinwendung zum Islam, Dennis spürte eine neue Annäherung zwischen ihnen beiden.

Abdeladim und Dennis lernten nun die wichtigen Riten, denen man sich in Mekka unterwarf. Die Pilgerreise war für die beiden Freunde eine grenzüberschreitende Erfahrung. Schon beim Start mit einem Flugzeug der Saudi Arabian Airlines vom Flughafen Frankfurt wurden sie von einer Atmosphäre der Gemeinsamkeit eingenommen. Viele Gläubige waren bereits auf ihrer zweiten oder sogar dritten Pilgerreise unterwegs. Euphorie hatte alle Reisende erfasst, die beiden Freunde wurden davon mitgerissen. Bei der Ankunft in Jeddah auf dem König Abdulaziz Flughafen wurden die Pilger vom Generaldirektor der SAA, Dr. Khalid Ibn Bakr, persönlich empfangen und begrüßt. Die ganze Region war in einem Ausnahmezustand.
Als sie mit vielen Tausenden die Kaaba umrundeten, stellte sich bei Dennis ein Zustand der Entrückung ein. Er dachte, so muss eine Ankunft im Paradies sein.

Die Rückkehr nach Deutschland erschien demgegenüber eher wie ein Alptraum; am zweiten Tag in Frankfurt wurde er in seiner Wohnung von einem freundlichen Paar aufgesucht. Die beiden stellten sich als Angehörige einer Gesellschaft vor, die sich um Menschen kümmerten, die in die Fänge von religiösen Sekten geraten seien. Dennis war zunächst unbefangen und bat das Paar herein. Er setzte einen Tee auf. Beseelt von seinen Eindrücken auf der Pilgerreise, dachte er ihnen klar machen zu können, dass er keiner Sekte angehören würde, sondern ein gläubiger Moslem sei. Im Laufe des Gesprächs erkannte Dennis allerdings, dass es wohl eher darum ging, von ihm Informationen über die Moschee zu erlangen, in der er sich mit Abdeladim und seinen Brüdern traf. Als Dennis die beiden geradeheraus darauf ansprach, eröffnetet sie ihm ihre eigentlichen Beweggründe. Dennis befände sich in einer gefährlichen Clique von Islamisten; man befürchte sogar, dass diese Terrorangriffe vorbereiten würden. Und wenn Dennis weiter mit diesen Leuten in Kontakt bliebe, so würde er sich selbst als Terrorist strafbar machen. Es sein denn, er würde mit ihnen kooperieren und Informationen weitergeben. Dann könne man sich auch vorstellen, ihn finanziell zu unterstützten. Dennis war nun verunsichert; dass konnten ja nur Leute vom Geheimdienst oder der Polizei sein, die ihn zu Spitzeldiensten aufforderten. Er ging scheinbar auf das Angebot ein, denn er wollte mehr über deren Absichten erfahren. Im weiteren Verlauf stellte sich heraus, dass er wieder Kontakte zur Moschee in Hamburg aufnehmen sollte, dort seien die eigentlich interessanten Leute. Vor allem der Imam würde Hasspredigen führen und gegen Deutschland hetzen. Dennis blieb unverbindlich freundlich zu dem Paar und stellte ein weiteres Treffen in Aussicht, schließlich müsse er sich die ganze Sache noch einmal gut überlegen.

Schon am gleichen Abend traf er sich mit Abdeladim und zwei älteren Brüdern in einem öffentlichen Park im Osten Frankfurts. Er berichtete von seinem Erlebnis und die vier diskutierten erregt darüber. Es war nun klar, dass die Moschee und ihre Besucher überwacht werden. Und wer weiß schon, wie viele der Besucher ebenfalls Besuch hatten, meinte Abdeladim. Sie seien doch keine Terroristen, sondern Gläubige, betonte er mehrfach. Dennoch wurde Dennis jetzt ganz klar, dass ihre Abneigung gegen Amerika und gegen das westliche Leben als Angriff gewertet wurde. Ein Angriff auf die Lebensweise, die ihn noch vor zwei Jahren geprägt hatte – und vor der er doch geflüchtet war.

Seine Entscheidung stand nun fest: Er war auf dem richtigen Weg. Auch in Deutschland sollte man dem richtigen Glauben folgen. Er hatte es ja selbst erlebt, wie sehr er sich positiv verändert hatte. Er unterbreitete den anderen seinen Plan.

4.

Dennis handelte nun rasch und überlegt; er sandte Imam Fazazi eine Warnung, löste seine Wohnung auf und besorgte sich über seine „Brüder“ in Frankfurt gefälschte Papiere. Eine Woche später reiste er mit dem Zug nach Italien, versorgt mit

Adressen von Mittelsmännern, die ihm helfen würden nach Afghanistan zu al-Qaida zu gelangen. Die weitere Reise ging über die Türkei und den Iran in pakistanische Stammesgebiete im Westen des Landes und von dort aus auf alten Schmugglerpfaden nach Afghanistan in die Gegend um Chost. Dort wurde er in einem Ausbildungslager freundlich, aber auch mit Distanz aufgenommen. Die ersten Tage verbrachte er in einer gesonderten Unterkunft und durfte sich nicht frei bewegen. Er war mit drei weiteren Neuankömmlingen zusammen untergebracht; zumindest dachte Dennis dies. Jeden Tag wurde er zu seiner Herkunft und zu seinem Glauben befragt. Genau wollte man wissen, wann er mit wem auf der Pilgerreise war. Auch detaillierte Fragen zu seiner Ausbildung in Alexandria mit immer wechselnden Fragestellern waren an der Tagesordnung. Nach dem Abendgebet sollten sie die Unterkunft nicht mehr verlassen. So machten sie sich nochmals einen Tee, diskutierten ihre Erfahrungen und tauschten sich über die Behandlung im Lager aus. Schnell merkte Dennis, dass einer der Dreien gar kein Ankömmling war, sondern mit ihnen zusammengesteckt wurde, um festzustellen, ob sie die Wahrheit sprachen.
Mit jedem Tag wurde die Stimmung freundlicher und bald durfte er zum Kommandanten, der ihn nun willkommen hieß und mit ihm ein freundliches Gespräch über die weitere Ausbildung führte. Der Winter war ja vorbei und der Kommandant erwartete für das kommende Jahr 2001 besondere Anforderungen an ihn und seine Männer durch Osama Bin Laden, den Emir von al-Qaida. Für Dennis begannen lange Wochen harten Trainings. An erster Stelle standen lange Lektionen über militärische Mittel und Wege zur Errichtung eines islamischen Staates. Das Endziel war ein einziger Gottesstaat; denn Gott kenne keine Nationen, Rassen oder andere Religionen. Es könne nur ein Reich Gottes geben. Auf dem Weg dahin waren jedoch zunächst viele Kriege zu führen und einzelne Staaten zu erobern.

Die nächsten Lektionen beschäftigten sich mit der Auswahl geeigneter Orte für Basislager, die Beschaffung von Geld und Materialien und die Auswahl der Kämpfer. Es ging weiter mit einer Vielzahl theoretischer Themen der Kriegsführung und des Guerillakampfes. Die Lektionen waren immer wieder unterbrochen durch die vorgeschriebenen Gebete und Predigten des Kommandanten. Als Dennis schon gar nicht mehr daran glauben mochte, begann endlich die praktische Ausbildung. Er wurde im Gebrauch von automatischen Waffen, insbesondere einer Kalaschnikow, sowie der Herstellung von Sprengstoffen unterrichtet. Da sich Dennis besonders in der praktischen Ausbildung sehr geschickt anstellte, wurde er von seinem Ausbilder, einem Usbeken, für eine besondere Ausbildung an panzerbrechenden Waffen vorgesehen. Dies war eine Auszeichnung. Dennis hatte mit dem Usbeken eine vertrauensvolle Beziehung aufgebaut, auch wenn man dies im Lager nicht gerne hörte, so unterhielten sie sich doch ab und zu auf Russisch.

Dennis erzählte ihm dann von seinem Großvater und das man ihn in der Schule „den Mongolen" nannte. Solche Gespräche blieben aber selten, da der Kommandant auf Arabisch als einzige Sprache drängte. Die Mehrzahl der Rekruten kam ja auch aus arabischen Ländern. Doch in Abdul, dem Usbeken, hatte Dennis einen guten Freund gefunden und ihre Wege sollten sich noch mehrfach kreuzen. Jetzt verging die Zeit für Dennis viel zu schnell. Auch durch seine Freundschaft mit Abdul war er ein geachtetes Mitglied im Lager und der Kommandant vertraute ihm bereits neue Rekruten für die ersten Ausbildungsschritte an. Bei den allabendlichen Teegesprächen im Haupthaus des Lagers durfte Dennis ebenso teilnehmen wie an längeren Erkundungsmärschen in Richtung Pakistan. Denn eines hatte der Kommandant von Anfang an klargestellt: al-Qaidas nächstes Ziel war Pakistan, dies war die geeignete Basis für den angestrebten Endsieg.

Bei den Gesprächen hatte Dennis erfahren, dass kurz vor seiner Ankunft in Chost eine kleine Gruppe arabischer Studenten aus Deutschland im Lager von Emir Bin Laden waren. Man spekulierte über wichtige Aufträge, die der Emir ihnen persönlich aufgetragen habe. Auch seien sie nur kurz in Afghanistan geblieben. Sie sollten möglichst schnell wieder nach Deutschland zurückkehren und sich auf ihre Mission vorbereiten.

Mittlerweile hatte sich Dennis einen Kampfnamen zugelegt, wie es unter den Brüdern im Lager üblich war. Abu Ayyub Al-Ansari nannte sich Dennis jetzt, auch wenn er im Lager oft noch „der Deutsche" genannt wurde. Abdul grinste dann oft und setzte „der Mongole" hinzu, aber diese Anspielung verstand nur Dennis.
Als er eines Abends von einem Erkundungsmarsch im Lager eintraf, spielten sich dort Freudenszenen ab, wie Dennis sie bislang noch niemals erlebt hatte. Es war der Abend des 11. September 2001. Der Kommandant forderte alle auf, sich im großen Raum zu versammeln. Dort verkündete er mit heroischer Stimme, dass man einen überwältigenden Sieg über den Erzfeind USA errungen habe. Islamische Kämpfer hätten Amerika in ihrem eigenen Land angegriffen und vernichtend geschlagen. Tausende von Muslime ständen nun bereit, um den Angriff fortzuführen und Amerika zu vernichten. Zum Beweis seiner Rede wurde auf einem Videorecorder eine Sequenz gezeigt, wie Flugzeuge in Wolkenkratzer in New York flogen und explodierten. Die Gebäude stürzten in sich zusammen und die größte Stadt der USA versank in Trümmer und Rauch. Es folgten in dem großen Raum unfassbare Jubelszenen: Die Männer tanzten ausgelassen zu arabischer Musik, immer wieder unterbrochen von Lobpreisungen auf Osama bin Laden, dem Emir von al-Qaida und die Gemeinschaft aller Muslime in der ganzen Welt. Dennis tanzte scheu zwischen den Männern seinen ersten Tanz; Abdul fasste ihn an der Hand und beide legten die Arme auf die Schulter des anderen und bald

war ein großer Kreis aller Kämpfer gebildet. Ein Erlebnis, das so intensiv war, wie die Umrundung des heiligen Steins in Mekka bei seiner Pilgerfahrt vor gar nicht allzu langer Zeit.
Die nächsten Tage waren von angespannter Hektik geprägt. Die Euphorie war verflogen. In den Lagern von al-Qaida, die über den Südosten von Afghanistan verstreut lagen, gingen nun täglich neue Botschaften aus dem Hauptquartier von Bin Laden ein. Man rechnete mit Vergeltungsschlägen der Amerikaner und ihrer Verbündeten. Man war sich unsicher, wie die Taliban-Regierung auf die Ereignisse reagieren würde. Noch baute Bin Laden auf das Gastrecht, dass in dieser Region überragende Bedeutung hat. Auch unterstützte al-Qaida die Taliban im Kampf gegen die Nordallianz und tötete einen Tag vor dem 11. September deren charismatischen Führer Massoud.
Dennis wurde zum Kommandanten des Militärlagers bestellt, der ihm mitteilte, dass Dennis eine kleine Gruppe Kämpfer in die Nähe von Kabul bringen solle. Er werde von einem afghanischen Führer mit Ortskenntnissen begleitet. Dennis war stolz auf die Anerkennung, die sich mit diesem Auftrag verband. Sein Trupp solle die Männer um Osama bin Laden verstärken, man wolle sicherstellen, dass der Emir gut geschützt werde. Ein anderer Trupp werde von Abdul angeführt und ebenfalls Richtung Norden aufbrechen.
Die Aufträge haben den Männern das Leben gerettet. Schon einen Tag später wurde das Lager bombardiert, keiner überlebte den Angriff. Die meisten der größeren al-Qaida-Lager und Einrichtungen der Taliban waren Ziele von Bombenabwürfen und Cruise Missiles, die von B-52-Bombern der Amerikaner aus gestartet wurden. Bin Laden hatte in Voraussicht der Luftangriffe Order gegeben, sich aus den Lagern in die Berge zurückzuziehen. Doch keiner der Kommandanten hatte mit derart schnellen und harten Angriffen gerechnet. Viele wurden davon überrascht.
Dennis blieb auch nach dem Verlassen des Lagers mit Abdul in Kontakt, so erfuhr er, dass Bin Laden selbst bereits auf der

Flucht war. Die Überlebenden der ersten Angriffswellen sollten sich in die Berge südlich von Jalalabad zurückziehen und dort sammeln. Dennis nannte dem Führer den Namen des Rückzugsraumes, *Tora Bora* – der schwarze Staub. Es handelte sich um ausgebaute, unterirdische Berghöhlen aus der Zeit des sowjetisch-afghanischen Krieges. Der Führer bemerkte, dass man diese Höhlen schon im Krieg gegen die Briten gebaut habe; sein Stamm sei selbst daran beteiligt gewesen. Dennis glaubte, eine gewisse Verachtung in der Antwort des Paschtune zu spüren.

Die folgenden Wochen und Monate waren eine harte und entbehrungsreiche Zeit für Dennis und die al-Qaida-Kämpfer. Verlustreiche Kämpfe wurden geführt, mehr als 200 Kämpfer blieben in den Höhlen zurück. Dennoch gelang es einem Großteil und auch dem Emir Bin Laden selbst nach Pakistan zu entkommen.

Bei den Kämpfen zeichnete sich Dennis durch Umsicht und besonderen Mut aus. Vor allem vermied er jedoch unsinnige Aktionen, das Überleben seiner Männer war ihm sehr wichtig. So ignorierte er auch teilweise die Order von Kommandanten oder interpretierte sie so, dass man ihm zumindest keinen direkten Vorwurf daraus machen konnte. Er hatte gelernt zu überleben.

Und er hatte sich weiteren Respekt verschafft und gehörte mittlerweile zum Kreis der Personen, die Zugang zu Bin Laden hatten. Dieser beauftragte ihn dann auch, mit einigen anderen Ausbildern in den autonomen Stammesgebieten Pakistans ein Ausbildungslager neu zu errichten. Die Leitung des Lagers wurde allerdings einem jemenitischen Dschihadisten übertragen, gegenüber dem Deutschen blieben bei allem Vertrauen dennoch Vorbehalte, wenn es um Führungspositionen ging. Bei der Wahl des Standortes konnte Dennis allerdings den Jemeniten überzeugen, in die Gegend von Mir Shah zu gehen.

Dennis war die Region aus seiner Zeit in Chost noch bekannt. Er war dort mehrmals auf Erkundungstour gewesen und wusste, dass die dortigen Stämme ihnen nicht feindselig gestimmt waren.
Die folgenden Monate und Jahre waren mit der Ausbildung ankommender Rekruten ausgefüllt; ihrem Lager wurden etwa gleichrangig solche aus den arabischen Ländern und aus Europa und der Türkei zugewiesen. Man achtete zunehmend darauf, dass in den Lagern nicht nur Rekruten aus einer Herkunftsregion dominierten. Überhaupt spürte Dennis im Laufe der Zeit, dass die arabischen Einflüsse stärker wurden. Im Vergleich zu der Zeit, als er im al-Qaida-Lager ankam, spielte nunmehr die ethnische Herkunft eine Rolle. Insbesondere war eine unterschwellige Rivalität spürbar zwischen Brüdern aus den arabischen Ländern, und solchen, die aus der Türkei kamen, oder turksprachige Wurzeln hatten. Für Dennis wurde dies zunehmend zu einer mentalen Belastung, kamen doch immer mehr Deutsche in sein Lager, die türkische Wurzeln hatten. Ganz natürlich sahen sie in Dennis einen der ihren. Dies verstärkte wiederum den Argwohn der arabischen Rekruten, denen Dennis' Sonderstellung ein Dorn im Auge war. Zumal Dennis häufiger darauf hinwies, dass in dem al-Qaida-Lager viele beleibte saudische Freiwillige selbst für einfachste Aktionen nicht zu gebrauchen waren.
Dennis sandte daher eine Botschaft an Emir Bin Laden. Unter Verweis auf die lange Zeit im Ausbildungslager bat er seinen Emir, ihm eine neue Herausforderung zu stellen.
Diese Bittschrift kam Bin Laden zur rechten Zeit. Die Machtverhältnisse hatten sich massiv verändert. Der Kampf der Taliban in Afghanistan dauerte an, die westlichen Armeen hatten sich nicht wirklich durchsetzen können. Im Gegenteil, eine Fraktion der Taliban hatte sich sogar in Pakistan festgesetzt und einen ganzen Landstrich unter ihre Kontrolle gebracht. Im Swat-Tal waren sie dabei, eine islamistische Herrschaft nach den Regeln der Scharia zu errichten.

Bin Laden wollte seinen Einfluss dabei geltend machen und mit eigenen Kämpfern dort präsent sein. Noch benötigten die Taliban Unterstützung.
Dennis bekam die neue Aufgabe: Er stellte eine Einheit zusammen, mit der er sich in Richtung Swat-Tal in Pakistan aufmachte. Die Situation und die Machtverhältnisse dort waren allerdings deutlich anders, als Bin Laden sie eingeschätzt hatte. Der regionale Taliban-Führer Maulana Fazlullah saß schon fest im Sattel und begann bereits ein Scharia-Regime einzuführen; in einem Gebiet, dass nicht einmal 160 Kilometer von Islamabad entfernt lag. Die pakistanischen Taliban, wie sie sich nannten, waren sich ihres Sieges bereits sicher. Eine Unterstützung durch al-Qaida-Kämpfer benötigten sie nicht unbedingt, bedeuteten sie den ankommenden Dschihadisten. Aber natürlich seien sie als Gäste jederzeit willkommen. Dennis beriet sich mit seinen Männern und man wollte zunächst in dem Tal bleiben und die Entwicklung abwarten. In der Zwischenzeit entsandte Dennis einen Kurier zu Bin Laden mit einer Beschreibung der Umstände, die man vorgefunden habe.
Doch diese änderten sich schnell, die Taliban setzten im Hochgefühl ihres Sieges die archaischen Gesetzesregeln mit zunehmender Grausamkeit durch.
Dennis erfuhr immer häufiger von brutalen Bestrafungen, die er nicht mit seinen religiösen Vorstellungen vereinbaren konnte.
In Pakistan setzte mit der öffentlichen Berichterstattung über archaische Rituale ein Gesinnungswandel ein; auch in der pakistanischen Armee und dem Geheimdienst ISI verstärkten sich die Stimmen, die diese Entwicklung für nicht mehr akzeptabel hielten. Der Generalstab plante eine Offensive des Militärs im Swat-Tal. Erstmals seit Jahren wurden große Truppenkontingente von der Grenze zu Indien in Richtung Westen abgezogen.
Schnell stießen die regulären Soldaten mit ihren schweren Waffen in das Tal vor, und kämpften Dorf um Dorf frei von

den Taliban-Kämpfern.
Diesen kam nun die Unterstützung seitens Dennis und al-Qaida gelegen; sie sollten sich in vorderster Front gegen das Militär beweisen. Doch Dennis war durch die Ereignisse, die er teilweise mit eigenen Augen gesehen hatte, von den pakistanischen Taliban abgestoßen. Für diese grausamen Fanatiker wollte er nicht das Leben seiner Männer und sein eigenes opfern. Entgegen seiner Vorstellung wollten jedoch Teile seiner Kämpfer bei den Taliban bleiben; es handelte sich hauptsächlich um arabische und pakistanische Männer, die an einen Sieg glaubten. Der Bruch zwischen Dennis und seinen Gefolgsleuten, sowie den arabischen Kämpfern war nun offenkundig.
Dennis musste eine Entscheidung treffen, er hatte Bin Laden den Treueid geschworen: ein Treueid ist eine sehr verbindliche Erklärung, verbindlicher als eine Hochzeit. Eine Hochzeit kann im Islam geschieden werden, ein Treueid wird nur durch den Tod beendet.
Dennis sandte Bin Laden eine weitere Botschaft, in der er ihm seine weitere Gefolgschaft zusicherte und ihm weitere Treue schwor. Wichtige Umstände hätten ihn aber gezwungen, aus dem Tal zurück in die Stammesgebiete zu ziehen. Ein Hilferuf Abdul Fattahs habe ihn erreicht, er benötige dringende Unterstützung. Dennis war sich bewusst, dass er die Situation etwas in seinem Sinne interpretierte. Sein Freund und ehemaliger Ausbilder Abdul hatte ihn zwar tatsächlich um Hilfe gebeten, nur war er mittlerweile nicht mehr bei al-Qaida, sondern hatte sich der "Islamischen Bewegung Usbekistans" angeschlossen. Es war eine eigenständige Organisation usbekischen Ursprungs, die allerdings eng mit al-Qaida und auch den Taliban kooperierte. Abdul war bereits zum Vize-Emir aufgestiegen. Dennis hatte somit einen Weg gefunden, Bin Laden die Treue zu halten und sich dennoch von al-Qaida zu lösen. Er freute sich auf das Wiedersehen mit dem alten Kampfgefährten.
Abduls Hilferuf kam nicht von ungefähr; seine Organisation war durch einen starken Zulauf von religiösen Brüdern aus

Zentralasien, aus der Türkei und Europa, vor allem auch aus Deutschland, schnell angewachsen.
Diese Rekruten brachten aber auch ein ganze Reihe von Problemen mit sich: sie waren undiszipliniert, ja geradezu chaotisch in ihrem Verhalten. Abdul berichtete Dennis, die Brüder hätten nicht verstanden, dass im Islam alles seinen Platz und seine Ordnung habe. Und sie hätten nicht verstanden, dass sie sich einer islamischen Armee angeschlossen haben, die Regeln hat.
Dennis verstand nur zu gut was Abdul beklagte; er hatte ähnliche Erfahrungen schon mit Freiwilligen aus Saudi-Arabien gemacht.

Doch eigentlich habe er mit Dennis eine andere, eine wichtige Sache zu besprechen. Es habe ein Treffen von Feldkommandanten von al-Qaida und anderen Gruppen gegeben. Dabei sei eine neue Strategie von dem zweiten Vize -Emir von al-Qaida vorgestellt worden. Die Strategie der *tausend Schnitte*. Der Vize-Emir habe davon gesprochen, nicht mehr wie in der Vergangenheit, aufwendige Angriffe in den Ländern der Feinde zu planen und mit hohem Aufwand und viel Geld vorzubereiten, sondern möglichst viele der freiwilligen Brüder in den Ausbildungslagern wieder in ihre Heimatländer zurückzuschicken. Dort sollten sie viele einfache Angriffe auf die Feinde durchführen. Und sie sollen diese Botschaft an viele andere Brüder in ihren Ländern weitergeben, so dass die Angriffe wie eine Lawine über die Länder der Ungläubigen rollen werden. Durch die vielen tausend Schnitte werden die reichen Länder des Westens ausbluten.
Zur Vorbereitung dieser Botschaft brauche Abdul unbedingt die Hilfe von Dennis. Er sei aus Deutschland und wisse am besten, wie man die Rekruten instruieren könne. Vor allem müsse man ein sicheres Kommunikationssystem aufbauen, da die Geheimdienste der Kreuzritter alle Telefongespräche und elektronische Meldungen abfangen und orten könnten.

Abdul berichtete sorgenvoll, dass er viele Männer in den letzten Monaten durch Raketenangriffe verloren habe. Die Raketen würden stets in den Häusern einschlagen, in denen sich Kämpfer aufhielten. Es sei sogar schon passiert, dass Raketen in fahrende Autos flogen.
Dennis solle so bald wie möglich beginnen, die Rekruten vorzubereiten, die sich zurzeit in Lagern von Abduls Organisation aufhielten. Abdul gab ihm eine Skizze in der die drei Ausbildungslager eingezeichnet waren.
Dennis machte sich an die Arbeit. Er erstellte eine geheime Botschaft für bewährte Kämpfer, wonach sie selbständig militärische Aktionen durchführen sollten, die in den Zeitungen und im Fernsehen in ihren Heimatländern für Aufsehen sorgten. Auf keinen Fall durften sie direkte Kontakte zu ihm oder Abdul aufnehmen. Diese Botschaft verschlüsselte er mit seinem Laptop, wobei er verschiedene Verschlüsselungsprogramme ausprobierte, bis er ein passendes gefunden hatte. Endlich machte er sich mit zwei Begleitern auf, um die geeignete Rekruten aus Deutschland und anderen europäischen Ländern zu finden. Sie sollten mit der geheimen Botschaft in ihre Länder zurückreisen und diese an ihre Kontaktpersonen weitergeben.
Es war ein schwieriges Unternehmen. Die neuen Rekruten in den Ausbildungslagern waren zwar voller Tatendrang, aber sie wollten hier in Afghanistan gegen die Amerikaner und gegen die Deutschen kämpfen. Sie erzählten Dennis, wie viele von ihnen bereits zu Hause festgenommen worden seien und in den Gefängnissen der Geheimdienste schmachteten. Die Moscheen würden überwacht und jeder, der nur eine Sure des Korans beten würde, wäre sofort als Staatsfeind gezeichnet. Er könne sich nicht vorstellen, wie schwer es geworden sei, dort gegen die Feinde zu kämpfen.
Obwohl Dennis schon bald zehn Jahre aus Deutschland weg war, so konnte er sich es doch lebhaft vorstellen. Er hatte ja damals selbst erfahren, wie schnell der Geheimdienst ihm auf der Spur war.

Andererseits motivierte er die Brüder, indem er ihnen die erfolgreichen Aktionen in Madrid und London schilderte. Diese Aktionen zeigten doch, dass man auch im Feindesland erfolgreiche Angriffe machen könne. Nach und nach suchte Dennis geeignete Brüder für die Rückkehraktionen aus. Ihm war klar, dass nicht alle Rekruten dafür geeignet waren. Er achtete vor allem auf die Männer, die sich durch besonderen Eifer und gute Kenntnisse des Korans auszeichneten. Nach einem Monat konnten die ersten vier Brüder die Heimreise antreten, mit geheimen Instruktionen und verschlüsselten Botschaften für weitere Kontaktleute in der Heimat.
Abdul und Dennis hatten sich über die Jahre hinweg alle Rekruten, die sie ausgebildet hatten, notiert und kleine Dossiers über sie angelegt. Mit der Zeit war eine ganze Reihe von Glaubensbrüdern zusammengekommen, die nach Kampfausbildung und -einsätzen wieder in ihre Heimat zurückgekehrt waren. Denn nicht alle waren bei den Einsätzen ums Leben gekommen oder sind auf Dauer in Afghanistan geblieben. Diese Männer sollte jetzt aktiviert werden.
Die Aktion lief allerdings nicht so reibungslos, wie sich die Feldkommandanten und Dennis das vorgestellt hatten. Von den ausgewählten Vieren wurden bereits zwei in der Türkei von der Grenzpolizei festgenommen. Sie wurden durch die Geheimdienste und Polizei ihrer Heimatländer gesucht; man verdächtigte sie terroristischer Umtriebe.

Nach mehreren Monaten erfuhren Abdul und Dennis auf Umwegen, dass ein weiterer Bruder nicht in sein Heimatland zurückgereist sei, sondern sich zunächst in einem anderen Land eine Frau gesucht habe. Es sei nicht sicher, wo er sich jetzt aufhalte. Nur einer von vieren sei letztlich in Deutschland angekommen. Als er einen der Kontaktleute aufsuchen wollte, sei er jedoch von der Polizei festgenommen worden. Man habe ihn ständig überwacht und alle seine Aktivitäten aufgezeichnet. Seine ganze Familie sei überwacht worden.

Der neue Rekrut, der diese schlechten Nachrichten mitbrachte, hatte auf der Reise nach Pakistan auch erfahren, dass man jetzt ihn, Dennis Müller, ebenfalls suche. Auch sein Kampfname, Abu Ayyub Al Ansari, sei der Polizei bekannt. Er werde als Terrorist gesucht.
Dennis war tief getroffen. Er hatte sich immer als Muslim und treuer Diener seines Herrn verstanden. Er hatte für eine gute Sache gekämpft. Die Anderen, das waren die Terroristen. Sie warfen Bomben auf Frauen und Kinder. Sie brachten Krieg und Verderben in die Länder der Muslime.
Dennis ging am nächsten Morgen zu Abdul und bat ihn, mit der nächsten Gruppe in das Kampfgebiet ausrücken zu dürfen. Abdul schaute ihn lange an und willigte schließlich ein. Nach aufreibenden Märschen gelangte die Gruppe schließlich in den Norden Afghanistans. Als sie in Kunduz angekommen waren, plante der Feldkommandeur der aufständischen Kämpfer eine Offensive für die nächsten Tage. Auf seine Bitte hin wurde Dennis der ersten Kampfreihe zugeordnet. Am 18. Januar 2011 stürmten die Krieger einen afghanischen Militärstützpunkt in Baghlan in der Nähe von Kunduz.
Als sich die Kämpfer nach einem heftigen Feuergefecht wieder zurückzogen, wurde Dennis von einer Kugel in den Kopf getroffen. Er war sofort tot. Die Männer mussten ihn zurücklassen. Dennis war der Einzige, der an diesem Abend starb.
Am nächsten Morgen ging ein angesehener Imam aus dem Dorf, in dem sich die Kämpfer aufhielten, zu dem Stützpunkt und bat die Soldaten um Herausgabe des Leichnams. Man wolle ihn rechtmäßig begraben. Der Imam sagte den afghanischen Soldaten, dass der Tote ein Deutscher sei, gekommen, um für den Islam zu kämpfen. Man gab ihm den Leichnam mit.

Dennis Müller wurde nach moslemischem Brauch in dem Dorf in Nordafghanistan bestattet.

## Hans Breuer, Oberstaatsanwalt in Deutschland

1.
Schon lange bevor Hans Breuer sein zweites juristisches Examen mit Bravour bestanden hatte, war für ihn klar, dass er Staatsanwalt werden würde. Mit zwölf Jahren erlebte er hautnah als Münchner Bub das Olympia Attentat. Seine Tante hatte ihm immer von den Olympischen Spielen erzählt, von dieser besonderen Atmosphäre und den sportlichen Herausforderungen an die Athleten.
Sie war selbst eine herausragende Sportlerin gewesen. Eine begabte Skiläuferin, die mit der deutschen Mannschaft an den Olympischen Winterspielen 1936 in Garmisch-Partenkirchen teilgenommen hatte. In der alpinen Kombination belegte sie einen respektablen fünften Platz. Diese Erfahrung war für sie prägend, ihr ganzes Leben lang. Für sie war Sport und Fairness eine leitende Idee. Sie war damals, nach den Winterspielen, aus dem bayerischen und deutschen Skiverband ausgetreten, nachdem ihre beste Freundin wegen ihrer jüdischen Herkunft ausgeschlossen wurde. Ihre Eltern hatten sie in dieser kompromisslosen Haltung unterstützt. Diese Erfahrungen gab sie an ihre Kinder und Enkel weiter.
Jetzt, im Sommer 1972, wurden die Olympischen Spiele in München ausgetragen. Hans Breuer fieberte mit seiner Großmutter dem Ereignis entgegen. Für alle sportlichen Entscheidungen hatten sie bereits Karten reserviert. Auch zur Eröffnungsfeier war Hans mit den Eltern und der Großmutter im Olympiastadion. Ein grandioses Erlebnis. Die ersten sportlichen Wettkämpfe versprachen eine spannende Olympiade.

Und dann, am elften Tag der Spiele, der Schock. Ein Palästinenser Kommando *Schwarzer September* nahm Sportler der israelischen Mannschaft im olympischen Dorf als Geiseln. Die

Terroristen forderten im Austausch die Freilassung von 200 in Israel inhaftierten Palästinensern, sowie die Freilassung und Ausreise von Ulrike Meinhoff und Andreas Baader aus Deutschland. Die beiden waren die Köpfe der RAF, der *Roten Armee Fraktion*. Sie saßen in Stuttgart-Stammheim in Haft. Die Geiselnehmer töteten noch in der Nacht zwei israelische Sportler. Am nächsten Morgen wurden nach langwierigen Verhandlungen die Täter und die Geiseln zum Flughafen Fürstenfeldbruck gebracht. Die Sicherheitskräfte gingen zum Schein auf die Forderungen der Terroristen ein. Bei der polizeilichen Aktion zur Befreiung der Geiseln kamen fünf der Täter, ein Polizeibeamter und alle Geiseln ums Leben. Die Aktion war ein Fiasko.

Für Hans brach eine Welt zusammen; gemeinsam mit der Familie hatte man zu Hause am Fernsehschirm mit den Menschen in aller Welt gehofft, gebangt um das Leben der israelischen Sportler. Das Ende war für Hans unbegreiflich. Er wollte nicht mehr zu den Spielen, die trotz dieser mörderischen Terroraktion fortgesetzt wurden.

Dieses Ereignis hatte ihn gelehrt, die Welt mit anderen Augen zu sehen. Alle Informationen, die mit dem Überfall in München zu tun hatte, sammelte und las er begierig. Er konnte nicht verstehen, dass dann drei der überlebenden Täter aus dem Gefängnis freikamen. Sie wurden schon im Oktober 1972 freigepresst. Man hatte eine Lufthansa-Maschine entführt und mit der Ermordung der Passagiere gedroht.

Hans blieb dieser Spätsommer 1972 für immer präsent. Für ihn stellte sich seit diesem Ereignis stets die Frage nach Recht und Gerechtigkeit. Als Staatsanwalt wollte er dafür Sorge tragen, dass Mörder verfolgt und verurteilt werden. Trotz des Wunsches der Eltern, er solle das traditionsreiche Uhren- und Schmuckgeschäft Breuer weiterführen, blieb dieser Berufswunsch tief verwurzelt. Nach seinem Abitur absolvierte Hans seine Wehrpflicht. Dann überzeugte er letztlich - mit Unterstützung der Großmutter - die Eltern und bekam ihre

Zustimmung für das Studium der Rechtswissenschaften in München.
Nach dem Referendariat und seinem Examen, schickte Hans seine Bewerbungsunterlagen an verschiedene Behörden in Bayern. Ganz so einfach schien das mit dem Berufswunsch nicht zu sein. Doch er hatte Glück; seine Unterlagen kamen zur richtigen Stelle. Er wurde als Staatsanwalt bei der Staatsanwaltschaft München I eingestellt. Dort hatte er schon eine Station während seinem Referendariat absolviert; wahrscheinlich hatte man sich seiner erinnert.
Hans war mittlerweile klar geworden, dass Bürokratie und staatliche Verwaltung ein ganz eigenes Innenleben führen. Er war aufgrund seiner Veranlagung und der Prägung durch sein Elternhaus von Grund auf pragmatisch. Er nahm die Dinge so wie sie kamen und suchte für Probleme eine Lösung. Diese Eigenschaften hatten ihm schon während seines Studiums den einen oder anderen Konflikt mit Professoren beschert. Aber er war andererseits rhetorisch beschlagen und verfing sich nur selten in Grundsatzdebatten. So gelangen ihm eigentlich stets Kompromisse, mit denen sowohl er als auch seine Umwelt leben konnten.

2.

Er richtete sich auch in seinem neuen Beruf als Staatsanwalt darauf ein, zunächst das Handwerk von Grund auf zu erlernen. Dabei blieb seine Passion die Beschäftigung mit dem Terrorismus, die Fragen nach den Hintergründen und nach den Motiven der Täter. Er beschäftigte sich seit jenen Tagen im September 1972 mit der Geschichte der RAF und dem deutschen Terrorismus. Immer wieder stellte er sich die Frage, warum hatten damals die arabischen Terroristen die Freilassung von Baader und Meinhof verlangt? Er hatte später sehr wohl verstanden, dass es zwischen den deutschen Linksextremisten und der palästinensischen Freiheitsbewegung enge Kontakte und Bezüge gab. Man kooperierte miteinander aufgrund sehr

komplizierter ideologischer und theoretischer Konstrukte, wie Hans fand. Für einen eher praktisch veranlagten Menschen wie ihn, waren diese politischen Theorien oft schwer durchschaubar. Vor allem drängte sich ihm dann die Frage auf, wieso sollen deutsche Rechtsextremisten auch die Palästinenser bei den Anschlägen damals unterstützt haben. Nur weil sich die Attentate gegen israelische Sportler richtete? Diese Zusammenhänge konnte Hans nicht ergründen. Zunächst passte für ihn nichts zusammen. Aber es kam ihm seine grundsolide, praktische Denkweise zu Hilfe. Lassen wir mal die ideologischen Differenzen beiseite, dachte er sich. Jetzt erkannte er eine zielorientierte Vorgehensweise der Täter. Also: Der Feind deines Feindes ist dein Freund. Schon ist es egal, welcher politischen Richtung man sich zugehörig fühlt, es geht zunächst nur um das Ziel, den Feind zu beschädigen.
Jeder nutzt das Ergebnis, wie es ihm gefällt. Und beim nächsten Mal wechseln eben die Koalitionen. Hans hatte eine grundlegende Eigenschaft von Terrorismus in den ersten Ansätzen begriffen: es geht um die Machtergreifung. Sie liegt noch in den Händen anderer Menschen. Die politische Theorie dient der Begründung zur Anwendung von Gewalt und Terror gegenüber Anderen.
So erregte es seine besondere Aufmerksamkeit, als berichtet wurde, dass die Sicherheitsorgane der DDR intensiv mit den Terroristen der RAF zusammengearbeitet haben sollen. Bis hin zu operativen Unterstützungen bei Terroranschlägen. Hans bekam langsam eine Ahnung davon, warum die Ermittlungen der Justiz und der Polizei oft nicht zum Erfolg führten. Täter, die von einem staatlichen Apparat unterstützt werden, haben ja andere Möglichkeiten, als Kriminelle, die alleine auf sich gestellt sind. Immer deutlicher zeigte sich für Hans der Zusammenhang zwischen Terrorismus und Staat. Er wollte diese Gedanken weiter verfolgen. In seinem Rechtsverständnis war jedoch jeder Mensch für sein eigenes Tun verantwortlich. Hans war sich sicher, den richtigen Beruf gewählt zu haben.

Mit der deutsche Wiedervereinigung war jedoch ein alles beherrschende Thema an der Tagesordnung. Hans verfolgte schon immer aufmerksam die Entwicklung in der DDR. Sein Großvater stammte aus Ostpreußen und war als Flüchtling nach Bayern gekommen. Zu Hause waren Politik und die gesellschaftlichen Entwicklungen in Deutschland ständige Themen eifriger Diskussionen, mindestens gleichrangig zu den Gesprächen über das elterliche Geschäft und die wirtschaftliche Lage in der Welt.
Die Wiedervereinigung brachte nunmehr besondere Herausforderungen mit sich. In den neuen Bundesländern sollten die staatlichen Strukturen und Abläufe an westdeutsche Maßstäbe angeglichen werden.
Auch in der bayerischen Justiz wurde eifrig für Unterstützung in dem neuen Bundesland Sachsen geworben. Hans informierte sich über die Bedingungen und bekundete sein Interesse für einen Einsatz als Staatsanwalt in dem Nachbarland. Einzige Voraussetzung war für ihn die vorherige Beendigung seine Probezeit und die Übernahme als Beamter. Da er sehr gute Beurteilungen hatte und man dringend gerade beim Aufbau Ost aus der Justiz Unterstützung brauchte, verkürzte man seine Probezeit auf das zulässige Mindestmaß. Seinem Dienstantritt bei der sächsischen Justiz stand bald nichts mehr im Wege.
Hans hatte natürlich vorher eine Reise nach Dresden gemacht und sich im dortigen Justizministerium vorgestellt. Auch bei der Generalstaatsanwaltschaft war er gewesen, um sich einen Eindruck zu verschaffen. Die Reise nach Sachsen kurze Zeit nach der Wende war für Hans ein ziemlicher Schock. Er war vorher noch nie in der DDR oder einem Ostblockstaat gewesen. Es sah dort aus wie auf den alten Familienfotos nach dem Krieg.

Eine Tristesse empfing ihn, die er so bislang nicht kannte. Er empfand alles als grau, von den Menschen angefangen bis hin zu den Gebäuden und den Städten. Es fehlten ihm Farbe und Licht. Das wird bestimmt keine leichte Aufgabe berichtete er zu Hause. Die Großmutter und die Eltern unterstützten und ermutigten ihn jedoch, den Weg weiterzugehen. Die erste Stelle war in Görlitz, an der Grenze zu Polen. Hier gab es genug zu tun für einen jungen Staatsanwalt. Diebstähle, Raubüberfälle und Schmuggelaktivitäten waren die häufigsten Straftaten, mit denen er es zu tun bekam. Doch bald sah er sich mit einem besonderen Phänomen konfrontiert. Zu seiner Überraschung musste er feststellen, dass gerade in Sachsen offensichtlich besonders viele junge Menschen mit rechtsradikalen Gedanken sympathisierten. Man konnte die jungen Leute in den schwarzen, uniformähnlichen Kleidern und den kahl geschorenen Schädel auch schwerlich übersehen. Zudem traten sie stets in größeren Gruppen und mit sehr aggressivem, anmaßendem Verhalten auf. Obwohl Hans kein ängstlicher Mensch war und sich auch vor Raufereien nicht fürchtete, blieb er bei diesen Menschen doch sehr vorsichtig, wenn er ihnen auf der Straße begegnete.

Die Thematik interessierte ihn; hatte er sich doch bereits bei seinen privaten Recherchen zu den Terroranschlägen von München die Frage über die Zusammenarbeit zwischen Palästinensern und bayerischen Rechtsradikalen gestellt. In Sachsen sah für ihn die Lage allerdings etwas anders aus. Es schien ihm, als sei hier der Rechtsradikalismus breiter und auch diffuser in seiner Ausprägung, als das, was er aus der alten Bundesrepublik kannte. Und natürlich blieb ihm auch nicht verborgen, dass sich bei den Dieben und Räubern, mit denen er es zu tun hatte, eine stattliche Zahl als Rechtsradikale ausgaben. Zumindest dem Äußeren nach und hinsichtlich nationalistischer Sprüche über minderwertige Menschen aus dem Osten und ähnlichem mehr.

Hans war aber nicht alleine mit seinen Beobachtungen und Befürchtungen. In Sachsen wurden schon bald nach seinem Dienstantritt zentrale Schwerpunktstaatsanwaltschaften zur

Bekämpfung des Rechtsextremismus eingerichtet. Und parallel dazu entsprechende Dienststellen bei der Polizei. Hans suchte daher das Gespräch mit dem Leitenden Oberstaatsanwalt in Dresden. Er wollte in einer Staatsanwaltschaft mitarbeiten, wo es um die Aufklärung und Verfolgung von rechtsradikalen Straftaten ging. Das war seine Passion. Er spürte, dass diese Menschen eine ähnliche Motivation antrieb, wie die Terroristen, die in seiner Jugendzeit das olympische Dorf überfallen hatten.
Die nächsten Jahre war Hans ein viel beschäftigter Staatsanwalt in der Schwerpunktstaatsanwaltschaft in Dresden. Eng arbeitete er dabei mit der Polizei im Landeskriminalamt und in den örtlichen Polizeipräsidien zusammen.
Hans wollte aber die Geschehnisse nicht nur rechtlich bewerten. Ihm reichte es nicht, seine Aufgaben als Staatsanwalt handwerklich ordentlich zu machen, was schon schwer genug war bei dieser Art Straftaten. Er wollte auch hinter das Phänomen schauen und die Strukturen zu verstehen lernen. Die Motivation der Täter interessierte ihn.

Schon während des Studiums hatte er sich mit den einschlägigen Paragraphen im Strafgesetzbuch intensiv auseinander gesetzt. Ihm waren stets die beiden Abschnitte wichtig, die sich mit der Gefährdung des demokratischen Rechtsstaates und mit den Straftaten gegen die öffentliche Ordnung befassen. Und immer wieder hatte er Kommentare zum Paragraphen 129 a, zur Bildung terroristischer Vereinigungen, durchgearbeitet. In der juristischen Theorie hatte er die Texte durchdrungen; jetzt in der täglichen Praxis als Staatsanwalt blieben jedoch viele Fragen offen.
Bald war Hans durch sein Engagement in Sachsen bekannt und bei den ermittelnden Polizeibeamten beliebt geworden. Er nutzte seinen praktischen Verstand und seine juristischen Kenntnisse zur Lösung der oft schwierigen Sachverhalte, indem er gemeinsam mit den Polizisten nach vernünftigen

Lösungen suchte. Nie verschanzte er sich bei der Bearbeitung schwieriger Fälle hinter Floskeln oder spitzfindigen juristischen Fachausdrücken.
Aber vor allem war es seine Offenheit gegenüber allen Beteiligten, die ihn auszeichneten. Oft nahm er an Vernehmungen der Festgenommenen teil; auch hier musste er zunächst Vorbehalte der Polizisten überwinden. Doch schon bald schätzten sie diese Kooperation. Sie erkannten, dass es Hans um die Aufklärung der Sache ging und seine Anwesenheit nicht der Darstellung der eigenen Person diente.
Hans sammelte unschätzbare Erfahrungen über Motivationen und Hintergründe der Taten: fremdenfeindliche Schmierereien, Angriffe auf Ausländer, Zerstörung von Imbissbuden und Kneipen, Schlägereien. Die Liste der einzelnen Delikte wurde länger und länger, nur eines war für Hans und die Ermittler offensichtlich schwer nachzuweisen und rechtlich zu begründen, nämlich eine terroristische Struktur.
Immer wieder unternahmen sie den Versuch, die einzelnen Taten in den Zusammenhang einer so genannten terroristischen Vereinigung zu bringen, ohne Erfolg. Dies hätte nämlich gravierende Folgerungen: Dann wäre der Generalbundesanwalt in Karlsruhe für die Ermittlungen zuständig und verantwortlich gewesen. Nicht mehr die Staatsanwaltschaften in Sachsen. Auch hätte man dann intensivere Möglichkeiten gehabt, die Täter und ihre Kommunikation zu überwachen. Vielleicht wären somit Strukturen besser zu erkennen gewesen.
Doch alle Berichte und Aktenvorlagen erbrachten nicht die erhoffte rechtliche Bewertung durch vorgesetzte Stellen oder den Generalbundesanwalt selbst. Ja, man verfolge die Ermittlungen sehr aufmerksam; ja, wenn der eine oder andere Umstand eintreten würde, so könne man den Sachverhalt neu prüfen; nein, zuständig sei immer noch die örtliche Staatsanwaltschaft.
Hans musste erkennen, dass man von unten diese Fälle nicht so recht platzieren konnte, dass man wohl stets an den Instanzen darüber scheitern würde.

Nein, er musste sich andere Wege überlegen. Wie hatte der Leiter der Sonderkommission in Dresden immer so schön zu ihm gesagt: da sind ganz dicke Bretter zu bohren.

3.

Ein neues Ziel zeigte sich für Hans. Er wollte jetzt selbst dort arbeiten, wo man die Vorlagen prüft, beim Generalbundesanwalt in Karlsruhe. Und bald ergab sich eine passende Gelegenheit bei einer Tagung in Dresden, um die erforderlichen Kontakte zu knüpfen. Mit dem notwendigen Glück und der Unterstützung seines Chefs, schaffte Hans den Sprung als wissenschaftlicher Mitarbeiter nach Karlsruhe. Das bedeutete für ihn zunächst drei Jahre, in denen er sich beweisen durfte. Im Sommer 2001 organisierte Hans seinen Umzug von Dresden nach Karlsruhe; er wollte nicht an jedem Wochenende Stunden auf der Bahn verbringen. Und seine weitere Zukunft sah er jetzt sowieso beim Generalbundesanwalt in der badischen Region. Noch aber galt sein besonderes Interesse den rechtsradikalen Taten; hier wollte er seine Erfahrungen einbringen und für neue Sichtweisen werben.

Im September 2001 kam Hans aus dem Urlaub in seiner bayerischen Heimat nach Karlsruhe und meldete sich unverzüglich bei seinem Abteilungsleiter zurück.

Hans wurde einem Referat zugewiesen, in dem noch Nacharbeiten zu einem spektakulären Fall von Ausländerextremismus zu erledigen waren. Es handelte sich um das Verfahren gegen Metin Kaplan, den selbsternannten Kalifen von Köln. Nach dem Tod seines Vaters hatte Kaplan die islamistische Organisation *Kalifatsstaat* geleitet. Als er zum Mord an seinem Kontrahenten Ibrahim Sofu aufgerufen hatte, wurde vom Generalbundesanwalt gegen ihn ermittelt: Sofu wurde nach diesem Aufruf tatsächlich erschossen.

Nach dem Gerichtsurteil, wonach Kaplan wegen Gründung einer terroristischen Vereinigung zu vier Jahren Haft verurteilt wurde, war die Arbeit für die Bundesanwaltschaft noch nicht

zu Ende. Hans sollte hier zunächst mitarbeiten.
Am 11. September ging Hans kurz vor Feierabend mit einem Aktenvermerk zu seinem Referatsleiter, dessen Zimmer ein Stockwerk über seinem eigenen Büro lag. Es war kurz vor halb vier, als sich Hans auf den Weg nach oben machten. Die letzten Stufen nahm Hans mit Elan; er freute sich auf den Abend, für den er sich mit einer Kollegin verabredet hatte. An der Tür klopfte er und wartete, bis sein Chef ihn hereinbat.
Hans verstand die Situation im Raum zunächst nicht. Bundesanwalt Dr. Reklov saß angespannt hinter seinem Schreibtisch und wies Hans nur mit einer kurzen Handbewegung an Platz zu nehmen. Er selbst schaute gebannt auf den Fernsehschirm. In seinem Büro hatte Dr. Reklov stets seinen Fernseher an, wenn er im Zimmer war. Ohne Ton lief dann ein Nachrichtensender, meistens CNN.
Hans konnte jetzt einen Blick auf den Bildschirm werfen. Zu diesem Zeitpunkt konnte man sehen, wie ein Flugzeug in den Nordturm des World Trade Centers in New York flog. Die Laufzeile des Nachrichtensenders gab die Erklärung für Hans: *breaking news - terrorattacks in the states* -.
Gemeinsam schauten die beiden Männer auf den Fernsehschirm und hörten erschüttert die schier unglaublichen Kommentare der Berichterstatter.
In Karlsruhe war es jetzt eine Viertelstunde nach drei Uhr nachmittags. Eine zweite Maschine war in den Südturm des WTC in New York eingeschlagen. Immer noch sagte Dr. Reklov kein Wort, sondern saß reglos in seinem Stuhl.
Dann folgten spontane Aktivitäten, ohne dass er zunächst mit Hans ein Wort wechselte. Dr. Reklov griff zum Telefon und ließ sich von der Vermittlung mit dem Privatanschluss des Abteilungsleiters verbinden. Die beiden waren etwa im gleichen Alter und - so weit Hans dies bisher beobachten konnte - sehr vertraut im Umgang miteinander. Eine Besonderheit in dieser Behörde. Die gewöhnlichen Umgangsformen in Karlsruhe unterschieden sich doch ziemlich von denen, die er in Sachsen

kennen gelernt hatte. Der Ton war für Hans distanzierter, geradezu mit einer akademischen Färbung. In Sachsen hatte er in den Staatsanwaltschaften einen angenehmen, sehr kollegialen Umgang zwischen der Kollegenschaft kennen gelernt.
Dr. Reklovs traf auf einen bereits vorbereiteten Abteilungsleiter; auch er hatte die Ereignisse registriert und saß zu Hause ebenfalls vor dem Fernsehgerät. Da seine Frau am nächsten Tag Geburtstag hatte, war er für zwei Tage nicht im Büro anwesend. Er wollte ihr bei den Vorbereitungen für die Feier helfen.
Die beiden waren sich schnell einig, dass man einen sofortigen Notdienst einrichten sollte, denn schon in den ersten Kommentaren der Nachrichtensender war von Terroristen die Rede, die möglicherweise aus Europa, vielleicht sogar aus Deutschland, in die USA eingereist sein könnten. In einem solchen Fall wäre natürlich der Generalbundesanwalt sofort gefragt gewesen.
Schon während des Gesprächs fiel dann der Blick seines Referatsleiters öfters auf Hans, mit prüfender Miene. Hans war schnell klar, den heutigen Abend mit der netten Kollegin und den Meinungsaustausch mit ihr über die Ereignisse in den USA würde er abschreiben können. Für Notdienste waren schließlich die Jungen da.
Und so kam es denn auch. Hans erhielt den Auftrag, über die Nacht alle Informationen zu sammeln und Anfragen an alle deutschen Polizeibehörden und Sicherheitsdienste vorzuformulieren. Damit könne man am nächsten Morgen sehr früh die notwendigen Schritte schnell einleiten. In der Nacht wurden dann aus wilden Spekulationen erste Gewissheiten. Einige maßgebliche Terroristen, die sich mit den Flugzeugen in die ausgesuchten Ziele gestürzt hatten, stammten aus Deutschland. Oder besser, sie hatten vorher in Deutschland gelebt und stammten aus arabischen Ländern. Hans wusste nun, dass Wochen und Monate voller Hektik und Arbeit auf den Generalbundesanwalt und auch auf ihn warteten.

Und er machte sich noch in der Nacht daran, eine Presseerklärung des Generalbundesanwaltes vorzubereiten, so wie er es auch in seiner früheren Tätigkeit als örtlicher Staatsanwalt getan hätte. Man hatte ihn dazu nicht explizit aufgefordert, aber das wäre sicherlich im Sinne der Hausleitung. Hans hatte natürlich auch einen kleinen Hintergedanken: er wollte selbstverständlich auf jeden Fall bei diesen Ermittlungen dabei sein. Der nächste Tag verflog nur so; die Ereignisse überschlugen sich. Die Identitäten der Selbstmordattentäter aus Amerika führten nun zu hektischen Reaktionen der deutschen Politik, der Sicherheitsorgane und von Polizei und Geheimdiensten.
Der Generalbundesanwalt blieb zunächst abwartend, er war ein gelassener Vertreter der Justiz, ohne Profilierungszwänge. Von den vorbereitenden Arbeiten, die Hans in der ersten Nacht geleistet hatte, war er sehr angetan. Für eine Presserklärung war es jedoch nach seiner Meinung noch zu früh. Handwerk war jetzt angesagt, Hintergrundinformationen mussten herangeschafft werden. Er bat Hans darum, die nächsten Tage als persönlicher Referent an seiner Seite zu bleiben. Es waren viele Besprechungen und Telefonate zu dokumentieren; der Druck der Politik auf den Generalbundesanwalt nahm gewaltig zu. Die geschickte Diplomatie des Chefanklägers vermochte es dennoch, eine ausreichende Frist zu erlangen, bis die notwendigen Vorbereitungen für Wohnungsdurchsuchungen getroffen waren.
Hans arbeitete in Karlsruhe mit seinem obersten Chef an der Erklärung, während bereits Kollegen von ihm mit der Sonderkommission der Polizei in Hamburg aktiv waren. Am 13. September ging man an die Öffentlichkeit:

*Der Generalbundesanwalt beim Bundesgerichtshof hat heute in den frühen Morgenstunden im Zusammenhang mit den Terroranschlägen in den Vereinigten Staaten ein Ermittlungsverfahren gegen Personen arabischer Herkunft in Hamburg wegen des Verdachts der Mitgliedschaft in einer terroristischen Vereinigung (§ 129a StGB)*

*und anderer schwerster Straftaten eingeleitet. Es besteht der Verdacht, dass sich seit Anfang diesen Jahres in Hamburg aus dort lebenden Personen mit arabischem Hintergrund und islamistisch-fundamentalistischer Grundhaltung eine Vereinigung gebildet hat mit dem Ziel auch im Zusammenwirken mit anderen islamistisch-fundamentalistischen Gruppierungen im Ausland schwere Gewalttaten zu begehen, um auf spektakuläre Weise durch Zerstörung von symbolträchtigen Gebäuden die USA anzugreifen.*
*Das Ermittlungsverfahren richtet sich gegen eine namentlich bekannte Person und weitere unbekannte Mitglieder der Vereinigung. Unmittelbar nach den Terroranschlägen haben die amerikanischen Ermittlungsbehörden durch Auswertung der Fluglisten die Namen von Passagieren auf mögliche Tatverdächtige überprüft. Soweit sich Bezüge in die Bundesrepublik Deutschland ergeben haben, wurde diesen durch die hiesigen Polizei- und Sicherheitsbehörden nachgegangen.*
*Nach bisherigen Erkenntnissen sollen zwei Mitglieder dieser Vereinigung in der Maschine als Passagiere mitgeflogen sein, die als Erste in das World Trade Center gestürzt ist, ein weiteres Mitglied soll als Passagier der Maschine eingebucht gewesen sein, die in Pennsylvania abgestürzt ist. Das Landeskriminalamt Hamburg konnte ermitteln, dass diese drei Personen zeitweilig in Hamburg gewohnt haben. Sie sollen in ein Netzwerk islamistisch-fundamentalistischer Gruppierungen eingebunden gewesen sein. Nach dem jetzigen Stand der Ermittlungen sollen zwei der bei dem Anschlag ums Leben gekommenen Tatverdächtigen und ein weiterer Beschuldigter Studenten der Technischen Universität Hamburg-Harburg im Fach Elektro-Technik gewesen sein. Die Polizei hat in der vergangenen Nacht mehrere Wohnobjekte in Hamburg durchsucht. Die Verfolgungszuständigkeit des Generalbundesanwalts beim Bundesgerichtshof folgt aus § 120 Abs. 1 Nr. 6 Gerichtsverfassungsgesetz.*
*Das Bundeskriminalamt ist mit den Ermittlungen beauftragt. Die Ermittlungen dauern an.* [13]

13 www.generalbundesanwalt.de; Presseerklärungen

Die bisherigen Ermittlungen der deutschen Polizei und des amerikanischen FBI hatten ergeben, dass am 11.September 2001 Mohammed Atta, Abdul al Omari, Satam al Suquami, Wail al Schehri und Wallet al Sherry auf American Airlines Flug 11 unter ihren tatsächlichen Namen eincheckten, unter denen sie auch ihre Tickets gebucht hatten. Ziel war der Nordturm des World Trade Centers in New York.
Marwan Alshehhi, Fayez Banihammad, Mohand al Sherry, Ahmed alGhamdi und Hamza al Ghamdi hatten für United Airlines Flug 175 gebucht. Ziel war der Südturm des WTC.
Den Flug 77 American Airlines traten Hani Handschur, Khalid al Mihdhar, Majid Moqed, Nawaf al Hazmi und Salem al Hatzi an. Ziel war das Pentagon in Washington D.C.
Und für United Airlines Flug 93 buchten Ziad Jarrah (Pilot), Saeed al Ghamdi, Ahmed al Nami und Ahmed al Haznawi. Das Flugzeug stürzte in der Nähe von Shanksville bei Pittsburgh ab. Ziel soll das Kapitol in Washington D.C. gewesen sein.

Atta, Alshehhi und Jarrah waren Angehörige einer Gruppe islamistischer Studenten der Technischen Universität Hamburg-Harburg. Sie sollen 1999 bei einem Aufenthalt in Afghanistan Kontakt mit Osama bin Laden aufgenommen und ihre Anschläge geplant haben.
Ein weiteres Mitglied der Gruppe, Attas Mitbewohner Ramzi Binalshibh, sollte als mutmaßlicher 20. Flugzeugentführer auch an dem Anschlag teilnehmen, hatte aber kein Einreisevisum für die Vereinigten Staaten erhalten. Die Täter wohnten von 1998 bis 2001 in Hamburg.

Die Arbeit nahm Hans vollständig gefangen. Sein Lebensrhythmus folgte den Notwendigkeiten der Ermittlungen. Ein ständiger Austausch mit dem Bundeskriminalamt, mit dem amerikanischen Justizministerium und dem FBI ließ keinen Raum mehr für persönliche Dinge. Ein Leben in einem Tunnel.

Ihm schwirrten nur so die fremdartigen Namen der Täter, von Tatverdächtigen und Zeugen durch den Kopf. Zwei Mitglieder der Hamburger Zelle, Ramzi Binalshibh und Said Bahia, wurden jetzt mit Haftbefehl gesucht. Später kam noch ein Marokkaner, Zakariya Essabar, hinzu. Die Tage und die Arbeit wollten kein Ende nehmen.

Doch Hans bekam den Kopf wieder frei. Die Hektik der ersten Wochen wich einem geordneten Ablauf. Er hatte nun etwas Zeit, sich grundlegende Fragen zu stellen und die Dinge näher zu betrachten. Er war den Umständen geschuldet in einem Bereich gelandet, von dem er bislang nur ganz am Rande in der Presse gelesen hatte: Islamistischer Terrorismus.

Von dieser Art Terrorismus war Sachsen bislang eher weniger betroffen. Und Hans war eigentlich mit der Idee nach Karlsruhe gekommen, den Generalbundesanwalt von der drohenden Gefahr von Rechts zu überzeugen. Hans befürchtete insgeheim, dass in der rechten Szene in den neuen Bundesländern sogar das Potential für Terroranschläge steckt. Er hatte selbst bei hautnah erlebt, wie hasserfüllt die Parolen gegen Ausländer, gegen andersartige Menschen waren.

Und jetzt? Vor den überwältigenden Ereignissen der letzten Monate traten seine alten Überlegungen in den Hintergrund. Hans beschäftigte sich intensiv mit der Ideologie des gewalttätigen Islam, seinen Hintergründen und vor allem mit den Zusammenhängen, die nach Deutschland hineinreichten. Schon bald bemerkte er, dass die Ereignisse nicht völlig aus dem Nichts kamen, wie es ihm zunächst schien. In den Aktenbergen, durch die er sich nächtens wühlte, stieß Hans auf ältere Vorlagen von der Polizei. Man war schon früher auf die Umtriebe von Islamisten aufmerksam geworden, und hatte die Einleitung von Ermittlungen angeregt. Hans fühlte sich beim Studium der Akten an seine eigenen Erfahrungen aus Sachsen erinnert. Die vorgelegten Verdachtsgründe reichten nicht aus, so lauteten auch hier die Begründungen.

Insgeheim stellte sich Hans des Öfteren die Frage, ob der entsetzliche Anschlag zu verhindern gewesen wäre, wenn man sich intensiver mit den vorliegenden Erkenntnissen beschäftigt hätte. Waren die jungen arabischen Studenten nicht bereits als Fundamentalisten bekannt? Wusste man nicht um ihre Verbindungen zu al-Qaida?
Und wieder spürte Hans die Parallelen zu seinen eigenen Ermittlungen in Sachsen im Zusammenhang mit Gewalttätern aus dem rechten Milieu.
Je mehr sich Hans in den folgenden Monaten und Jahren mit dem terroristischen Islamismus beschäftigte, umso stärker erkannte er ähnliche Verhaltensmuster zwischen den Tätern, die er in Sachsen erlebt hatte und denen, die er jetzt verfolgte. Es wurde für ihn immer deutlicher, dass die Menschen hier wie da einer unsinnigen, irrationalen Ideologie folgten. Auch die wirkmächtigen Muster schienen gleich zu sein: Ausgrenzung des Anderen; Führerprinzip; totale Hingabe; vereinheitlichte Gemeinschaft; dauernde Mobilisierung; Belohnung in der Zukunft und die Legitimierung von Gewalt und Terror zur Erreichung der Ziele. Immer wieder staunte Hans, wie blind diese Täter geradezu idiotischen Parolen ihrer Führer folgten. Sie blendeten jede gedankliche Auseinandersetzung mit den Theorien aus, denen sie anhingen. Es war manchmal beängstigend, wie wenig die festgenommenen Männer über die Religion, der sie angeblich folgten, tatsächlich wussten. Hans dachte dann häufiger, dass sei ja wohl grotesk, was in den Vernehmungen zu Protokoll gegeben wurde.
Dabei scherten sich diese Leute noch nicht einmal darum, dass sie sich damit selbst schadeten. Ihre protokollierten Aussagen würden ja unweigerlich als Schuldgeständnis gewertet werden.
Hans erkannte, dass seine Tätigkeit erst am Ende einer Ereigniskette wirkt. Diese Erkenntnis befriedigte ihn nicht wirklich. Im Gegensatz zu einem herkömmlichen Mörder, der aus Geldgier oder sexuellen Motiven tötete, waren diese Terroristen in

ein perfides System ideologischer Rattenfänger geraten, die Menschen für ihre Zwecke benutzten. Obwohl Hans sich ganz sicher war, dass die Arbeit von ihm und der Polizei wichtig sei, um die Menschen vor Terrorangriffen zu schützen, so ging er doch in seinem inneren Verständnis zunehmend in Opposition zum Agieren von Geheimdiensten und Politik. Manchmal fühlte er sich geradezu schizophren, wenn er seine berufliche Umwelt betrachtete. Doch er wusste, dass er mit diesen Sichtweisen ziemlich alleine stand. Zumindest im offiziellen Leben. Im privaten Gespräch, beim Wein oder beim Bier, da sahen die Betrachtungen manchmal anders aus. Gerade diejenigen, die stromlinienförmig im Dienst auftraten, führten oft die absurdesten Reden über Versagen der Geheimdienste im lauschigen Gespräch. Hans verachtete diese Verhaltensweise zunehmend. Dann kam die Reise nach New York. Hans und eine Kollegin sollten sich in Amerika mit Mitarbeitern des amerikanischen Justizministeriums und der zuständigen Staatsanwaltschaft in New York treffen, um für Gerichtsverhandlungen im Zusammenhang mit den Anschlägen vom 9. September rechtliche Absprachen zu treffen. Es waren schwierige, zwischenstaatliche Rechtshilfeersuchen vorzubereiten. Viele Informationen, die damals in der ersten chaotischen Phase ausgetauscht wurden, standen nun auf dem politischen Prüfstand, nicht auf dem rechtlichen, wie Hans immer betonte. In Deutschland hatten sich die Regierungsverhältnisse geändert. Jetzt wurde die Zusammenarbeit mit amerikanischen Kollegen stark kritisiert. Man musste vor Untersuchungsausschüssen des Parlaments Rede und Antwort stehen, so als sei man selbst ein Täter. Grotesk, dachte Hans wieder einmal, als habe es 2001 kein Parlament, kein Recht, keine Gesetze gegeben.

Die Reise nach New York war für Hans ein Höhepunkt seiner Arbeit in dem Ermittlungskomplex. Die Kollegin, die mit ihm reiste, war angenehm sachkundig und fleißig. Auch die ersten Telefonate mit dem amerikanischen Kollegen der

Staatsanwaltschaft in New York klangen viel versprechend. Hans freute sich auf die Dienstreise.
New York war für Hans ein Erlebnis; er war das erste Mal in den Staaten. Er war bisher immer in Europa gereist. London war für ihn bislang die ultimative Stadt gewesen. Jetzt also New York.
Die amerikanischen Kollegen waren unglaublich gastfreundlich. Gemeinsam erledigten sie mit hohem Einvernehmen die erforderlichen rechtlichen Arbeiten. Und jeden Abend, nach der Arbeit gingen die amerikanischen Staatsanwälte mit ihren deutschen Gästen in der Stadt aus. Natürlich zeigten sie ihnen Ground Zero. Natürlich war *9/11* das Thema, dass immer irgendwann auf den Tisch kam. Hans spürte den Stolz seine amerikanischen Kollegen darüber, wie ihre Stadt diesem Angriff getrotzt hat.

Für den letzten Abend hatte der Leiter der Staatsanwaltschaft zu einem offiziellen Essen eingeladen. Als weiterer Gast wurde ein hoher Geheimdienstmann aus Washington angekündigt. Hans war gespannt. Der Abend verlief zunächst in den geordneten Bahnen offizieller Einladungen. Man hatte einen separaten Raum in einem teuren Restaurant geordert, damit die Gespräche ungestört von der Öffentlichkeit waren. Es wurden Dankesreden und Gegenreden gehalten. Hans bedankte sich im Namen seiner kleinen deutschen Delegation für die tolle Zusammenarbeit und die Gastfreundschaft, die man in New York erleben durfte. Geschenke wurden ausgetauscht. Man versicherte sich gegenseitiger Hochachtung und der weiteren guten Zusammenarbeit.
Beim Abendessen saß Hans relativ weit entfernt von dem Mann aus Washington, der sich allen mit John vorgestellt hatte. Als die Tafel aufgehoben wurde, war es spät am Abend. Die Transfers zum Hotel standen an; John hatte während der Tischgespräche mehrfach sein Interesse an den deutschen Besuchern ausgedrückt.

Jetzt ergriff er die Initiative; kurzer Hand organisierte er eine gemeinsame Rückfahrt in seinem Fahrzeug und bat Hans und seine Kollegin noch zu einem Drink an der Hotelbar.
Hans spürte, dass John, der auch jetzt keinen weiteren Namen nannte, ein besonderes Interesse an der deutschen Militärstrategie hatte. Doch schnell kam man auf das Thema Terrorismus und al-Qaida zu sprechen.
John eröffnete Hans bei diesem vertraulichen Gespräch an der Hotelbar neue Einblicke. Er konnte sehr spannend aus einer Fülle eigener Erlebnisse erzählen und diese geschickt mit der offiziellen politischen Linie seines Hauses verknüpfen. Und die war ganz pragmatisch, alles was amerikanischen Interessen widersprach, wurde der Achse des Bösen zugeordnet. Das war Terrorismus. Für Hans eine ziemlich einfache Definition eines so schwierigen Themas. Und wer dann und wann mal Freund, mal Feind - und somit Terrorist - war, das war aus der amerikanischen Sichtweise eben von den jeweiligen Umständen abhängig. John erzählte dies mit einem sarkastischen Unterton, und Hans spürte, dass John eigentlich einer anderen Auffassung folgte. Und als John einen ungläubigen Ausdruck in den Augen von Hans erkannte, erzählte er ihm eine unglaubliche Geschichte. John konnte ja nicht ahnen, dass die Olympiade 1972 für Hans eine ganz persönliche Bedeutung hatte. Denn damit fing die Erzählung von John an, den olympischen Spielen 1972 und den Attentaten palästinensischer Terroristen. John berichtete Hans, von dem er zwischenzeitlich erfahren hatte, dass er aus München kam, dass der Anschlag auf die israelischen Sportler von dem Operationschef des Schwarzen September Ali Hassan Salameh geplant worden war.
Salameh war den Amerikaner bereits bestens bekannt, er hatte die deutschen Terroristen der RAF schon 1970 im Nahen Osten ausgebildet. Auf Nachfragen von Hans bestätigte John, dass man solche Informationen an die befreundeten, also auch die deutschen, Geheimdienste weitergebe. Oft allerdings mit dem

Zusatz, dass die Information streng geheim sei und nicht an die Öffentlichkeit gelangen dürfe.
John erzählte weiter, dieser Salameh sei ein intelligenter, verschlagener und auch sehr brutaler Mensch gewesen. Nachdem er einen weiteren Whisky geordert hatte, zog John einen Vergleich mit dem bekannten Terroristen Carlos, der ja ebenfalls in den siebziger Jahren sein Unwesen trieb. Ja, meinte John nachdenklich, gewisse Parallelen seien da schon erkennbar.
Hans spürte, dass John jetzt gedanklich abzuschweifen drohte; behutsam führte er ihn zurück zu Salameh. Die Attentate von München haben Hans stets verfolgt; jetzt konnte er wichtige Details aus berufenen Munde erfahren.
John erklärte Hans, dass der amerikanische Geheimdienst schon vor den Attentaten mit Salameh wegen dessen Einfluss auf die Palästinenserorganisation Fatah zusammenarbeitete. Er stammte aus einer einflussreichen libanesischen Familie und hatte beste Kontakte.
Nach den Anschlägen in München ließ man die Zusammenarbeit ruhen, wie John sich ausdrückte. Hans saß ihm regungslos in der Bar in New York gegenüber, er spürte in diesem Moment eines: Hilflosigkeit.
John hatte in Hans jedoch einen guten Zuhörer gefunden, mit dem er sich intuitiv verbunden fühlte. Er erzählte weiter, denn Salameh war schon bald wieder beim amerikanischen Geheimdienst ein gefragter Mann. Obwohl er vom israelischen Dienst gejagt wurde, arbeiteten die Amerikaner mit ihm zusammen. Nach dem Mord an zwei US Diplomaten 1973 in Khartum im Sudan war diese Kooperation für den amerikanischen Dienst wichtiger, als die Anliegen der Israelis. Und 1976 brauchten die Amerikaner seine Unterstützung während der Libanonkrise, um eigene Bürger wohlbehalten aus Beirut heraus zu bekommen. Außerdem habe schon wenige Monate nach dem Attentat in München der damalige deutsche Außenminister mit den Drahtziehern der Anschläge verhandelt. Das Ziel sei das gleiche wie bei den Amerikanern gewesen, man wollte eigene

Interessen schützen.[14]
John war jetzt müde geworden und wollte zu Bett gehen, nicht jedoch, bevor er Hans noch das Ende der Geschichte präsentierte. Salameh wurde später von einem israelischen Kommando liquidiert. So sei das bei Terroristen, meinte John, eine Seite habe immer noch eine Rechnung offen.
Hans schlief in dieser Nacht schlecht, seine Gedanken kamen nicht zur Ruhe. Seine Befürchtungen über derartige geheimdienstliche Winkelzüge waren bestätigt worden: einzig der Zweck heiligt die Mittel. Ist das richtig? Muss man das tolerieren?
Auf dem Rückflug wunderte sich seine Kollegin über die Einsilbigkeit von Hans. So hatte sie ihn noch nicht erlebt. Sie schrieb sein Verhalten allerdings dem Whisky vom Vorabend zu.
Für Hans war jedoch auf dem Flug deutlich geworden, dass er aus dieser Reise eine persönliche Bilanz ziehen sollte, bevor er sich wieder in die Arbeit stürzte. Ein Weitermachen wie bisher, das konnte er sich nun nicht mehr vorstellen. Den Wahrheiten, die John ihm erzählte, denen hatte er sich zu stellen.
Hans nahm sich das folgende Wochenende Zeit, um seine Gedanken zu ordnen. Er stellte sich seinen Erinnerungen an München 1972. Seine Gedanken erschienen ihm nun eindimensional und in gewisser Weise naiv; die Welt und die Wahrheiten von Menschen waren komplex und vielfältig.
Hans sah sich gleichwohl bestätigt in seinem Weg und seinem Wunsch nach einer erkennbaren Grundregel, nach der die Menschen zusammenleben sollten. Und dabei sollte es keinen Raum für Gewalt und Terror geben. Hans erkannte nun den Wert einer unabhängigen Institution, wie sie durch den Generalbundesanwalt repräsentiert wurde. Er leistete stille Abbitte; die kritische Prüfung von Sachverhalten nach rechtlichen und nachvollziehbaren Kriterien ergab einen tiefen Sinn. Er würde

14 DER SPIEGEL vom 26.08.2012, Bonn führte Geheimverhandlungen mit den Drahtziehern des Olympia-Attentats 1972.

sich weiter in diesem Sinne engagieren und arbeiten. Letztlich sind die Taten der Menschen jeweils am ganz konkreten Einzelfall zu prüfen und zu bewerten. Denn eines stand für Hans fest, der Mensch kann sich immer entscheiden zwischen mindestens zwei Möglichkeiten. Für die Folgen sollte er dann auch die Verantwortung tragen.
Und noch eines galt für Hans aber auch, den Schilderungen von Geheimdiensten würde er zukünftig noch mehr Skepsis und viele eigenen Überprüfungen entgegenstellen.

Die nächsten Jahre arbeitete Hans nach seinen Maximen und fühlte sich auf einem guten Weg. Viele Ermittlungsverfahren gegen Männer und auch Frauen, die sich der Ideologie eines gewalttätigen, terroristischen Islam verschrieben hatten, führte er erfolgreich mit Hilfe der Polizei.
Auch die Informationen von Geheimdiensten nutzte er zur Aufklärung der Taten, soweit sie überprüfbar waren und auch einer späteren gerichtlichen Überprüfung standhielten.
Hans zögerte nach entsprechender Prüfung auch nicht, schwierige und weit reichende Entscheidungen zu treffen. So beantragte er Haftbefehle gegen deutsche Dschihadisten, die sich als selbsternannte Glaubenskrieger in Pakistan und Afghanistan zum Terrorkampf aufhielten. Es war deren eigenen Entscheidung gewesen, Gewalt anzuwenden. Nun hatten sie auch die Folgen zu tragen.

In manchen Fällen, wie bei dem Haftbefehl gegen den Islamisten Dennis Müller, schwang bei Hans eine Art Bedauern mit, dass ein junger Mann nicht die Kraft finden konnte, trotz aller Widrigkeiten des Lebens sein Leben sinn- und friedvoll zu nutzen.
Als Hans ein Bericht über den Tod von Müller in der Nähe von Kunduz in Afghanistan vorgelegt wurde, der von militärischen Dienststellen dem Generalbundesanwalt übersandt wurde, sah sich Hans in seinen Ansichten erneut bestätigt. In

gewisser Weise fühlte sich Hans jedoch auch hilflos beim Lesen des Berichts, angesichts der erkennbaren Zwangsläufigkeit der Entwicklung von Müller.

Wenig später bewarb sich Hans erfolgreich um die Stelle eines Ermittlungsrichters für allgemeine Kriminalität in München. Terrorismus spielte bei seiner neuen Aufgabe keine Rolle mehr.

# Der Elefant

1.
Erinnern wir uns zurück an die Ausgangssituation im Kapitel "Sechs blinde Männer und der Elefant". In der vom persischen Gelehrten Rumi erzählten Geschichte diente das Experiment mit den sechs blinden Männern und dem Elefanten dem Fürsten dazu, die verschiedenen Sichtweisen von Wahrheit zu erläutern.
Dem Fürsten in der Fabel ging es um die Vermittlung zwischen unterschiedlichen Meinungen in seinem Reich. Er hatte erkannt, dass die Menschen, und vor allem seine Ratgeber, oft auf ihren Meinungen, auf ihren Wahrheiten beharrten.
Damit diente das Experiment mit dem Elefanten dem Fürsten auch zur Befriedung, zur Beilegung von Konflikten. Konflikten, die aus unterschiedlichen Sichtweisen der gelehrten Autoritäten in seinem Reich entstanden sind und über deren Richtigkeit diese genauso stritten, wie die sechs blinden Männer.
Aber erst die Zusammenführung der einzelnen Erkenntnisse führte zu einem vollständigen Bild des Elefanten. So wie erst die Zusammenführung der Meinungen im Fürstenreich zu einem sinnvollen Ganzen führt.
Der Religionsgelehrte Rumi erzählte und benutzte das Gleichnis, um die auseinander strebenden Interpretationen der islamischen Religion zu erläutern, aber auch, um diese zu einem harmonischen Ganzen zusammenzuführen. Er war von der Idee geleitet, dass alles mit allem zusammenhängt und erst die Ganzheit einen Sinn ergebe. Er predigte sogar die Einheit aller drei Buchreligionen, dem Judentum, dem Christentum und dem Islam. Von diesem Gleichnis geleitet, wurde - wie eingangs erwähnt - der Schluss gewagt:
*Diese Geschichte von den sechs blinden Männern ist in ihrer Grundidee dazu prädestiniert, um den terroristischen Islamismus mit*

*seinen religiösen Wurzeln und Verflechtungen, verstehen zu lernen und grundsätzliche, allgemein gültige Strukturen des Terrorismus zu erkennen.*

Die sechs Lebensläufe der *blinden Männer* führen dann auch zu unterschiedlichen individuellen Wahrnehmungen und Wahrheiten: Von religiösen und familiären Pflichten und brüderlicher Solidarität wird ebenso berichtet, wie von nationaler Feindschaft, patriotischer Hingabe und rechtlichen Bindungen. Keinem der Männer ist es jedoch gelungen, den Elefanten *islamistischer Terrorismus*, in seiner Ganzheit und Komplexität zu erkennen.

Würden jetzt, in diesem Moment, alle sechs in einem Raum zusammenkommen und sich über den islamistischen Terrorismus austauschen, so gerieten sie ganz sicher in eine ähnliche Situation, wie damals die *blinden Männer*. Wie in der alten Geschichte würden die sechs voller Überzeugung ihre Wahrheiten über den *Elefanten* darlegen. Jeder würde auf seiner Wahrheit beharren.

So bliebe heute einem Beobachter des Treffens eine ähnliche Wertung vorbehalten wie damals dem Fürsten: *Jeder von euch hat Recht. Ihr habt alle die Wahrheit gesagt. Ihr habt unterschiedliche Teile des islamistischen Terrorismus erlebt, deswegen habt ihr unterschiedliche Erklärungen gegeben.*

Wie damals dem Fürsten fiele dem Beobachter die schwierige Aufgabe zu, eine Lösung anzustreben und den ganzen Elefanten zu beschreiben. Er würde den sechs blinden Männern den Elefanten *islamistischer Terrorismus* mit Hilfe von sechs Eigenschaften beschreiben[15]:

15 Vgl. hierzu: Zoubairi, Khalid / Würz, Wolfgang: Kampfansage an grundlegende Menschenrechte. In: Polizei-heute, 34. Jahrgang, Boorberg Verlag, März/April 2005.

## Das Führungsprinzip

Die Struktur wird geprägt von einem durchgängigen System der Führung, deren jeweilige Repräsentanten mit absoluter Befehlsgewalt ausgestattet sind.
Es bestehen ausgeprägte Unter- und Überordnungsverhältnisse, ja geradezu bürokratische Verhältnisse, in den jeweiligen Gruppen und Organisationen.
Neben einem Führer und seinem Stellvertreter existiert ab einer bestimmten Größe ein beratendes Gremium, die Schura. Sie berät den Führer nach den Geboten des Korans in besonders schwierigen oder entscheidenden Situation. Das positive Votum des Rates bildet daher die religiöse Legitimation jedweder Entscheidung, die damit unangreifbar wird.
Bei der Auswahl der Führungspersonen wird besonderen Wert darauf gelegt, dass diese Männer rhetorische Fähigkeiten und charismatische Ausstrahlung besitzen. Es werden von ihnen profunde theologische Kenntnisse erwartet. Ihre Lebensführung hat sich nach dem Vorbild des Propheten und seiner Weggefährten zu richten. Die Regeln des Islam sind unabänderlich bindend.
Oft hat die dem Führer unterstellte Gruppe auch einen militärischen Verantwortlichen und eine Informationsstelle. Solche Gliederungen richten sich nach der Größe der Gruppe und dem Geschick des verantwortlichen Befehlshabers. Jedoch gilt dieses Aufbauprinzip oder ein ähnliches durchgängig bis in die kleinsten Zellen, die von außen betrachtet scheinbar unkoordiniert agieren, jedoch tatsächlich immer einem Befehlshaber oder Führer zugeordnet sind.
Bis zu seinem Tode spielte Osama bin Laden im islamistischen Terrorismus eine überragende Rolle als oberster Emir, dem gegenüber der Treueid zu schwören ist.
Doch in diesem gesamten System agieren Führer, Befehlshaber oder auch Emire unterschiedlicher Qualität und abgestufter

Bedeutung und Beziehung untereinander. So gelingt es dem islamistischen Terrorismus trotz der hohen Verluste im Führungsbereich, die der Kampf bisher forderte, seine grundlegende Vitalität zu erhalten.
Das Führungsprinzip bleibt erhalten und sorgt für die notwendige Stabilität.

## Das Feindbild

Ein wichtiges Merkmal der inneren Struktur des islamistischen Terrorismus, man könnte auch sagen, die ideelle Ummantelung der äußeren Struktur ist ein eingängiges und einfaches Feindbild.
Für den islamistischen Terrorismus ist der Islam die absolute Reinheit und Vollkommenheit. Alle anderen Religionen oder Weltanschauungen sind fehlerhaft und gehören zu dem Reich des Satans, *dar al Harb*.
Der islamistische Terrorismus sieht sich selbst dagegen dem Reich Allahs zugehörig, dem *dar al Islam*.
Auch eine Unterscheidung religiöser und weltlicher Macht existiert nicht. Vor allem gehört als vereinfachtes Feindbild *der Westen* zum Reich des Satans.
Diese Betrachtung erlaubt es dem islamistischen Terrorismus auch Machthaber und Regierungen in islamischen Ländern, die säkulare Ordnungen bevorzugen oder mit westlichen Staaten zusammenarbeiten, als Abtrünnige von der wahren Lehre zu stigmatisieren. Und Abtrünnige von der wahren Lehre des Islam sind nach Auffassung des islamistischen Terrorismus schlimmer als die eigentlichen Feinde selbst.
Dieses Feindbild erklärt auch, warum seine Anhänger gegen diese Abweichler mit unnachgiebiger Gewalt vorgehen. Die Opfer terroristischer Angriffe des islamistischen Terrorismus unter der muslimischen Bevölkerung übersteigt daher auch

ein Vielfaches der Opfer aus westlichen Staaten.
Betrachtet man beispielhaft die Situation in Ägypten, so hat der ägyptische Islamistenführer Hamza al Masri bereits 1998 geäußert:
*Wir Islamisten führen einen gottgewollten Kampf gegen den mit dem Teufel verbündeten ägyptischen Staat. Die Herrschaft des Satans muss beendet werden.*[16]
Al Masri, der in London lebt, gehört sicherlich zu den prägnantesten Predigern eines menschenverachtenden Feindbildes des islamistischen Terrorismus.
In seinen Predigten übertraf er dabei - vor allem in der Zeit vor den Anschlägen 2001 - den in Hamburg agitierenden Prediger Al Fizazi in der feindseligen Rhetorik noch um Einiges.
Mit diesem Feindbild werden ethnische, sprachliche oder weltanschauliche Unterschiede als natürliche und moralische Ungleichheiten übertrieben, und zu unabänderlichen Wertkategorien erhoben.
Die eigene Anhängerschaft wird dagegen glorifiziert und in jeder Hinsicht überhöht. Sie wird dadurch motiviert und darf sich von höchster Instanz auserwählt fühlen.

## Die Gleichschaltung

Eine besondere Methode, denen sich der islamistische Terrorismus bedient, ist die Gleichschaltung der Meinungen und Äußerungen. Das oberste Ziel des islamistischen Terrorismus ist erklärtermaßen die Wiedereinführung des Kalifats nach dem Vorbild des Propheten und seiner Weggefährten, sowie die Schaffung einer großen islamischen Gemeinschaft, der Umma. Zur Erreichung dieses Ziels müssen sich alle Anhänger den Vorschriften des Islam, die im Koran und in den mündlichen Überlieferungen verankert sind, bedingungslos unterordnen.

16 DER SPIEGEL, Interview mit Hamza al Masri, 3/1998.

Die völlige Einigkeit und Einheit der Gemeinschaft ist die Grundlage und unabdingbares Ziel aller Aktivitäten.
Die Gleichschaltung bedeutet, dass keine anderen Werte als die eigenen postulierten Regeln gelten dürfen. Jede andere Ansicht oder Denkrichtung ist aus der Sicht des islamistischen Terrorismus per se falsch und gehört in das Reich des Satans.
Für die eigene Anhängerschaft gilt die Parole des islamistischen Terrorismus: *Der Islam ist die Lösung – al-Islam huwa al-hall!*
Mit der Gleichschaltung sagt der islamistische Terrorismus vor allem dem Pluralismus in moslemischen Staaten und Gesellschaften den Kampf an. Wie bereits durch die Formulierung eines durchgängigen Feindbildes vorbereitet, werden gemäßigte islamische Führer als Usurpatoren und Abtrünnige diffamiert. Als wichtigster Motor der Gleichschaltung gelten jedoch religiöse Massenveranstaltungen, bei denen immer gleiche Parolen eindringlich intoniert werden.
Den Führern des islamistischen Terrorismus ist die Bedeutung des Wortes in ihrem Streben nach Gleichschaltung der Umma, der Gemeinschaft, sehr wohl bewusst. Daher kämpfen sie immer auch um die Deutungshoheit bei der Auslegung des Korans. In diesem Zusammenhang haben islamische Rechtsgutachten, Fatwas, eine ganz besondere Bedeutung.
Eine Fatwa, also ein religiöses Gutachten, gilt nicht nur für grundsätzliche Entscheidungen, sondern regelt die alltäglichsten Dinge, von der Frage sozialer Angelegenheiten und dem Tragen von Kleidung und Schmuck, bis hin den Fundamenten der Religion und Fragen zu Ungläubigen und Polytheisten, auch Götzendiener benannt.
Durch die Deutungshoheit über praktisch alle Fragen des Lebens strebt der islamistische Terrorismus die Gleichschaltung seiner Anhänger an und damit eine Umsetzung der Weisungen der Führerschaft in blindem Gehorsam.

## Die Dauermobilisierung

Die Dauermobilisierung, die Formulierung einer ständigen Bereitschaft, ist eine weitere Methode zur Machterhaltung des islamistischen Terrorismus. Der islamistische Terrorismus fordert von seinen Anhängern die ständige Bereitschaft zum Kampf, zum Dschihad. Dies dynamisiert deren Alltag und wirkt einer individuellen Apathie entgegen.

Vor allem das Medium Internet ist für die Führungspersonen des islamistischen Terrorismus ein komfortabler und sicherer Weg, um weltweit Anhängerschaft und Sympathisanten rund um die Uhr zu erreichen und zu motivieren.

So werden etwa über Online-Veröffentlichungen wie *Trainingslager Al Batar*[17] oder *Die Stimme des Dschihad*[18] in regelmäßigen Abständen Anleitungen zum bewaffneten Kampf und zur Vorbereitung von Terroranschlägen verbreitet.

Unterlegt sind diese Anleitungen mit dem durchgängigen Feindbild der Kreuzritter und der Ungläubigen.

Die Überflutung mit derartigen Anleitungen und Vorschlägen führt bei der Anhängerschaft zu einer geradezu paranoiden Wahrnehmung ihres Alltags. Sie fühlt sich in einem ständigen Kriegszustand und vermutet überall feindliche Aktivitäten.

Die Dauermobilisierung führt schon nach kurzer Zeit dazu, dass die Anhänger des islamistischen Terrorismus einem eindimensionalen Weltbild folgen und immun sind gegen andere Meinungen oder Ansichten.

## Die Propaganda

Wie der Begriff *Terror* seinen weltumspannenden Siegeszug mit der französischen Revolution startete, findet man auch den

17 Frankfurter Allgemeine Zeitung, 06.05.2004, Nr. 105, S. 37.
18 Stark, Holger. In: DER SPIEGEL, 29.08.2011, Nr. 35, Die Stimme des Dschihad.

Begriff der Propaganda im Wirken der Jakobiner als prominente Methode der Herrschaftssicherung. Sie hatten eine Geheimgesellschaft gegründet, einzig zum Zwecke der Verbreitung revolutionärer Ideen, den Club de la Propagande.
Und Propaganda ist auch die Hauptwaffe des islamistischen Terrorismus. Schon 1994 äußerte sich der Emir von al-Qaida, Osama bin Laden in diesem Sinne: Ein Radiosender sei wichtiger als eine Atombombe.[19]
Das Internet bietet diesem strategischen Ansatz, dieser strategischen Methode, eine ideale Plattform. Auch die in den letzten Jahren entstandenen sozialen Netzwerke dienen beispielsweise dem islamistischen Terrorismus der ständigen Rekrutierung neuer Anhänger und Sympathisanten. Propaganda dient der systematischen Beeinflussung der Anhängerschaft und der Gewinnung neuer Anhänger und Sympathisanten.
Die Manipulation der verbreiteten Informationen, Meldungen und Berichte durch modernste Werbetechniken ist ausschließlich ein Mittel der eigenen Herrschaftssicherung. Propaganda ist die wirkungsvollste Methode sowohl zur Gleichschaltung als auch zur Dauermobilisierung der Anhängerschaft. Jede passende Art von Kommunikation wird für dieses Ziel benutzt. Neben seriös erscheinenden, geradezu wissenschaftlich anmutenden Veröffentlichungen, spielen hierbei Foren im Internet, Videos auf YouTube und populäre Texte und Songs mit gewalttätigen Inhalten ebenso eine Rolle. Jedoch bleibt immer die Indoktrinierung der Anhängerschaft und der Transport des Feindbildes der Gegenstand der vielfältigen Aktivitäten.
Ein Beispiel für den Einsatz modernster Werbetechniken und -methoden zur Verbreitung des archaischen Weltbildes der islamistischen Terrorideologie ist *Inspire*. Im Stile teurer Hochglanzmagazine gemacht, wie man sie gerne in Flugzeugen und 5-Sterne-Hotels auslegt, propagiert *Inspire* den Kampf der Gläubigen, der Dschihadisten, gegen die Welt des Satans,

19 Musharbash, Yassin. In: DIE ZEIT, 16.08.2012, Nr.34, Terror? I like!

gegen die Ungläubigen.
So kommt das Magazin wie der Wolf im Schafspelz daher: *Is it halal to disposes the wealth of the disbelievers in America and other Western countries? Shaykh Anwar al-Awlaki explains the Islamic ruling.* [20]

In großformatigen, verherrlichenden Bildern werden die Waffen der Dschihadisten dazu in Szene gesetzt. Die Pistole, die Kalaschnikow und die Handgranate werden künstlerisch im Stile alter Meister präsentiert mit dem Text *Dschihad heute - Paradies morgen.*
Der Selbstmord im Namen des Islam, das Märtyrertum, ist eines der zentralen Momente der Propaganda. Denn der Selbstmordattentäter ist ein besonders taktisches Moment der terroristischen Kriegsführung.
Vor allem aber verteufelt die Propaganda des islamistischen Terrorismus die Werte moderner Kultur. Allerdings bedient er sich dabei der modernsten Methoden des verhassten Westens, um die eigenen archaischen Konzepte zu verbreiten.

## Die Gewalt

Das zentrale Element des islamistischen Terrorismus ist die systematische Anwendung von Gewalt.[21]
Die propagandistisch verherrlichte Gewalt wird als bestes und einzig brauchbares, mutiges und männliches Mittel zur Lösung der Konflikte zwischen dem Reich des Guten und des Bösen angepriesen. In allen Reden und Schriften der Führer und Emire des islamistischen Terrorismus spielt Gewalt gegen die Ungläubigen und die vom wahren Glauben abgefallenen die bedeutendste Rolle.

20 Siehe hierzu auch: Al-Malahem Media, Inspire, Winter 1431/2010.
21 Vgl. Zoubairi, Khalid/ Würz, Wolfgang; Kampfansage an grundlegende Menschenrechte, a.a.O.

Die Inkarnation von Gewalt bündelt sich für den islamistischen Terrorismus im Dschihad, was so viel wie Bemühung, Anstrengung oder auch Kampf bedeutet.
Die Anstrengung auf dem Weg Gottes bildet einen wichtigen Pfeiler der islamischen Religion. Doch der islamistische Terrorismus hat die Deutungshoheit über diesen Begriff gewonnen und in seinem Sinne ausgelegt, um Gewalt in jeder Form gegen Andere zu legitimieren.
So verkündete Emir Bin Laden 1998 ein Rechtsgutachten, eine Fatwa: *das Töten der Amerikaner und ihrer Verbündeten, ob Zivilisten oder Soldaten ist die persönliche Pflicht eines jeden dazu befähigten Muslimen in jedem Land, wo dies möglich ist* .[22]

Er sprach von dem Krieg der Menschen im Osten, die Muslime sind, gegen die Menschen im Westen, die Kreuzzügler sind, der von Grund auf religiös und Gerecht sei.
Die Verherrlichung von Gewalt und ihre religiöse Legitimierung dienen jedoch auch dazu, die Bereitschaft in der Anhängerschaft zum ständigen kriegerischen Einsatz, vor allem die Bereitschaft zum Märtyrertum, zu erhalten und zu erhöhen.
Auch hier hat der islamistische Terrorismus die Deutungshoheit gewonnen und Märtyrertum in einen Atemzug mit Selbstmordattentäter gestellt.
Wie bereits erwähnt, sind Selbstmordattentäter ein wichtiges taktisches Einsatzmittel in einem Kampf, in dem man gegen einen technisch hochgerüsteten Gegner bestehen will.
Der Einsatz von Selbstmordattentäter als taktisches Mittel der Kriegsführung benötigt naturgemäß viele Menschen, die bereit sind, ihr Leben für die Ideologie, für den Führer, für die Religion zu opfern.
Um diese Form der Gewalt, der Kriegsführung, gezielt einzusetzen, bedarf es umfassender Vorbereitungen durch Propaganda und weiterer psychischer Beeinflussung.

22 Deutsche Übersetzung zitiert aus Kepel, G. / Milelli, J.-P. (2006). al-Qaida –Texte des Terrors, München/Zürich.

Der taktische Einsatz von Selbstmordattentätern setzt voraus, dass der Dschihadist keinen spontanen Entschluss fasst, sein Leben zu beenden, sondern sich vielmehr Zeitpunkt und Ort vorgeben lässt, wann und wo er sein Leben zu opfern hat.
Hierzu braucht der islamistische Terrorismus Menschen, die sich des Werts des Lebens nicht bewusst sind oder den Glauben daran verloren haben.
Diese Art von Gewalt folgt einer Verherrlichung des Todes. Die Propaganda schafft dafür das notwendige Bewusstsein. Die Anhängerschaft verinnerlicht, dass den Selbstmordattentäter eine Belohnung im Jenseits, im Paradies erwarte.
So setzt der islamistische Terrorismus systematisch eine Spirale von Gewalt und Todesdrohungen ein, um ihr Endziel, die Errichtung eines weltumspannenden islamischen Kalifats zu verwirklichen.

Der Beobachter schließt seine Schilderungen der charakteristischen Merkmale des islamistischen Terrorismus mit dem Rückblick auf die Erlebnisse der sechs blinden Männer:
Ihr habt alle Sechs Teile dieser Merkmale erlebt. Nur keinem von Euch ist es deutlich geworden, dass die Elemente nur in ihrer Gesamtheit den Elefanten *islamistischer Terrorismus* ausmacht. Einige von Euch haben seinen Anspruch auf Gefolgschaft erlebt oder waren sogar selbst Teile der Führerschaft. Andere haben das Feindbild aus ihrer Sicht als Gegner des Elefanten wahrgenommen. Sie fühlten sich dadurch angegriffen und bedroht.
Die ständige Propaganda des islamistischen Terrorismus bedeutete für den einen von Euch eine Bestätigung seiner Wahrheiten. Für den anderen handelte es bei sich der Propaganda um Werbung für eine terroristische Vereinigung.
Manche von Euch bedienten sich der Terroristen, um ihre eigene Ziele oder die ihrer Länder durchzusetzen. Dafür negierten sie, dass Gewalt das gravierende Merkmal des terroristischen Elefanten ist.

Und wer den Terrorismus unterstützt oder fördert, handelt selbst wie ein Terrorist.
Der islamistische Terrorismus ist eine menschenverachtende, totalitäre Ideologie, die sich einer religiösen Weltanschauung bedient, um ein eigenes Herrschaftssystem zu etablieren. Seine charakteristischen Merkmale ähneln denen anderer totalitärer Ideologien, seien sie nun religiöser oder politischer Natur.
Alles hängt mit allem zusammen, hatte Rumi in seiner Erzählung über die *sechs blinden Männer* berichtet. So ist es auch im Falle des islamistischen Terrorismus. Er ist die Folge von Gewalt und die Folge von Unterdrückung.
Seine Gewalt erzeugt Gegengewalt und sein Hass erzeugt Gegenhass. Nichts erfolgt ohne Ursache und jede Wirkung erzeugt eine Wechselwirkung. Alles was geschehen ist, ist unumkehrbar geschehen.
So trägt jeder Moment die Möglichkeit eines neuen Beginns in sich.

2.
Wie geht es aktuell weiter mit dem islamistischen Terrorismus, dem Elefanten in dieser Geschichte? Gibt es die Möglichkeit eines neuen Beginns?

Ausgehend von der Selbstverbrennung des tunesischen Gemüsehändlers Mohamed Bouazizi im Dezember 2010 folgten Unruhen und Demonstrationen in Tunesien, bis hin zur Ausbreitung in anderen arabischen Ländern. *Arabellion*, der Begriff zu den umstürzlerischen Ereignissen in der arabischen Welt war schnell geprägt. Der Westen schaute gebannt und überrascht in seine Nachbarregion, die er politisch und gesellschaftlich als fest gefügt gedacht hatte. Die westlichen Medien berichteten aus den Aufstandsgebieten mit einer unglaublichen Intensität. Mit großer Sympathie berichtete und analysierte man über das Geschehen.

*Niemand hat es vorausgesehen: Die Völker des Orients haben genug von ihren Despoten. Das ist der größte Umsturz nach dem Fall der Berliner Mauer.* so untertitelte beispielsweise *Die Zeit* im Februar 2011 ihre Seite eins mit dem Aufmacher *Arabien steht auf.* Und es gab zu diesem Zeitpunkt nur wenige, die dieser Betrachtung widersprechen wollten. Schon gar nicht öffentlich. Die Artikel in der *Zeit* repräsentierten Meinungen und Analysen von vielen anderen Medien, die sich mit diesem Thema ausgiebig befassten: Der Tenor spiegelte sich in der wöchentlich erscheinenden *Zeit* wieder.

Auffallend dabei war, dass mehr oder weniger ähnliche Ergebnisse präsentiert wurden, sowohl was die reine Berichterstattung, als auch was die Hintergrundanalysen betraf.
Und diese Interpretationen wurden im Untertitel zu der Artikelserie über die Ereignisse in den arabischen Ländern auf den Punkt gebracht: *Wie die Revolution in Arabien unser Weltbild zum Einsturz bringt.*
Die westlichen Medien begleiteten das Thema weiterhin ausführlich und malten ein Bild von gesellschaftlichen Umwälzungen, getragen von gebildeten jungen Menschen, die sich ein Leben unter anderen Umständen und politischen Machtverhältnissen erhofften. Und tatsächlich, bei den Demonstrationen traten offenkundig kaum Vertreter einer islamistischen oder religiös-fundamentalistischen Richtung in Erscheinung.
Im April 2011 berichtet der bedeutende maghrebinische Schriftsteller Tahar Ben Jelloun gar von *einer Revolte ohne Islamisten;* er war der Auffassung, die Revolte habe neben den Despoten auch den religiösen Fundamentalismus ins Abseits getrieben.
Er stellte dabei aber auch fest, dass niemand den Aufstand der arabischen Völker vorausgesehen habe:
An erster Stelle nannte er dabei *gut vernetzte Geheimdienste,* und führte über politische Beobachter, Wissenschaftler, Journalisten mit der Polizei und Führern von islamistischen Bewegungen

weitere Instanzen auf, die vollständig von der revolutionären Entwicklung überrascht wurden.[23]
Wie sollte man diese Kommentare und Meinungsbilder nun verstehen. Gab es etwa in den betroffenen arabischen Ländern nur wenige Islamisten? Waren sie eine unbedeutende Minderheit? War über Jahre hinweg ein unzutreffendes Bild der Zustände in diesen Regionen gezeichnet worden?
Und was war mit dem islamistischen Terrorismus; hatte man einen Elefanten gezeichnet, den es so gar nicht gab?
Schon knapp ein Jahr später konstatierte die westliche Welt erneut *überraschende* Ergebnisse. Die neuen Machtkonstellationen nach den revolutionären Umwälzungen in Nordafrika und dem Nahen Osten zeigen nunmehr durchgängig religiöse Fundamentalisten in entscheidenden Funktionen der arabischen Staaten.
Nun hält sogar der Terrorismusforscher Shiraz Maher *den radikalen Islam für die Bewegung der Stunde*.[24] Auch wenn er dabei geradezu beruhigend einschränkt, dass *die Sympathien für Al Qaida nicht mehr so groß seien*.

Ob derartige Expertenmeinung lange Bestand haben könnte, dürfte zweifelhaft sein. Zu schnell verändern sich die politischen Lagen und gesellschaftlichen Situationen.
Hatte noch Ende 2011 die amerikanische Regierung durch ihren Verteidigungsminister verlauten lassen, al-Qaida sei so gut wie besiegt, so spricht Verteidigungsminister Leon Panetta im Spätjahr 2012 von *einem andauernden Krieg gegen al-Qaida*.[25]
Konnte diese Entwicklung wirklich niemand vorhersehen? Kamen diese Ereignisse und ihre Wechselwirkungen aus dem Nichts?

---

23 Jelloun, Tahar Ben: Revolte ohne Islamisten. In: DIE ZEIT, Nr. 15, 7. April 2011, S. 49 f.
24 Maher, Shiraz: Der 9/11-Effekt, Interview. In: Der Tagesspiegel, Nr. 21 378 / Sonntag, 1. Juli 2012, S.5.
25 Rötzer, Florian: Pentagon halt am weltweiten Krieg gegen den Terrorismus fest. In: TELEPOLIS, 23.11.2012. URL: http://www.heise.de/tp/artikel/38/38057/1.html

Denn neben der offenkundig völligen Überraschung allenthalben über den Ausbruch der revolutionären Ereignisse, wurden dann auch noch unzutreffende Schlussfolgerungen für die weiteren Entwicklungen in den betroffenen Ländern gezogen. Hatte der islamistische Terrorismus mit der Revolution in den arabischen Ländern tatsächlich nichts zu tun? Haben die jahrelangen terroristischen Aktivitäten von al-Qaida nicht den Boden für die Revolution bereitet? Sind die aktuell gewählten Repräsentanten in den arabischen Ländern nicht die ehemaligen Propagandisten des islamischen Dschihad?
Gibt es darauf keine Antworten? Wozu dann all den Aufwand für Geheimdienste, politische Analysen und soziologische Expertisen, wenn die Kommentierungen der Ereignisse und deren Folgen derart beschränkt sind? Handelt es sich überall nur um *blinde Männer*, die Ausschnitte eines Elefanten beschreiben, ohne die Zusammenhänge zu erkennen?
Besteht vielleicht gar keine Möglichkeit, die Ganzheit sozialer und gesellschaftlicher Erscheinungsformen zu erkennen? Dann bestünde folgerichtig auch keine Möglichkeit, gewalttätige Entwicklungen oder revolutionäre Veränderungen vorausschauend zu erkennen. Dann hätten die Zukunftsforscher Recht, die behaupten, dass große gesellschaftliche Umwälzungen, wie beispielsweise die Arabellion, nicht prognostizierbar sind.
Es bliebe immer nur ein Aufräumen im Nachhinein. Ein Beerdigen der Toten, die Versorgung der Verletzten, der Wiederaufbau von Zerstörungen.
Es beginnt etwas Neues, etwas Unbekanntes.

# Epilog

Im Spätsommer 2011 fuhr ich spät abends mit der U 2 in Berlin von einer Feier mit Bekannten nach Hause, gemeinsam mit einem lieben Freund und Kollegen.
Wir hatten ausgiebig gefeiert und waren bester Laune. Einige Wochen Urlaub standen mir bevor und ich war voller Vorfreude darauf, die ersten konkreten Gedanken zu der Idee von den sechs blinden Männern und dem Elefanten niederzuschreiben. Diese Geschichte aus dem alten Indien hatte mich gefangen. Dennoch hütete ich die Idee bei mir selbst; angesprochen auf mein nahendes berufliches Ende, blieb ich eher im Ungefähren. Ja, mit dem Gedanken zu schreiben habe ich mich befasst; ja, das könnte eine spannende Sache sein.

In der U-Bahn war an diesem Abend eine ausgelassene, fröhliche Stimmung. Viele Fahrgäste waren junge Touristen aus anderen europäischen Ländern, die bereits ebenfalls ausgiebig gefeiert hatten. Man merkte ihnen an, dass sie noch einiges vor hatten in dieser Nacht.
Wir kamen mit einer bunten Gruppe junger Leute ins Gespräch, die sich auf spanisch, französisch und englisch gleichzeitig unterhalten wollten. Sie wollten sich über Berlin und über Kreuzberg unterhalten, wissen wo wir herkommen und wo wir hinwollten. Als die Fahrt sich für die jungen Leute der Station näherten, an der sie aussteigen wollten, fragte noch einer der jungen Männer, ob ich ihm Feuer geben könnte.
Eine Schachtel Streichhölzer konnte ich ihm mit auf den Weg geben.

Er nestelte in seinen Taschen, suchte etwas und gab mir schließlich ein Stück Metall in die Hand, ohne dass ich erkennen konnte, was es denn war.

Als er fröhlich winkend das Abteil verließ, öffnete ich die Hand. Er hatte mir den metallenen Kopf eines indischen Elefanten geschenkt.

# Danksagung

*"Wenn man etwas schreibt, schreiben immer andere mit. Es schreiben alle mit, die je geschrieben und ein Wort gesagt haben."*
(Matthias Hirt in seinem Roman Angenehm)

Mein Dank gilt allen Kolleginnen und Kollegen, mit denen ich lange Jahre in einem ganz besonderen Amt zusammenarbeiten durfte. Insbesondere danke ich meinen lieben Kollegen Ali, Karim und Khalid, die ich als herausragende Islamwissenschaftler erlebte. Von Ihnen lernte ich sehr viel über die Besonderheiten des Islams und über gesellschaftliche und kulturelle Gepflogenheiten in ihren Heimatländern. Ohne diese Inspiration und diesen Meinungsaustausch wären mir viele Erkenntnisse verschlossen geblieben.

Ich danke meinen lieben Freunden Axel und Hans-Dieter, die mir bei den Arbeiten zu diesem Buch besonders hilfreich waren und von deren Expertise ich profitieren konnte. Ebenso danke ich dem Verlag Periplaneta und dem akribischen Lektorat. Sie waren bei den ersten Schritten in eine neue Welt hilfreich in ihrer konstruktiven Kritik.

Alle meine Begeisterung, Ideen und Überlegungen wäre allerdings Makulatur geblieben ohne meine Familie, ohne Brigitte und Max. Erst durch ihre liebevolle Unterstützung und intensiven Diskussionen um Form und Inhalt ist dieses Buch entstanden.

# Anhang I - Chronologie Afghanistan

1747 Ahmad Schah Durrani gründet ein Königreich, aus dem der Staat Afghanistan hervorgehen wird.

1838–42 1. Britisch-Afghanischer Krieg. Die Briten marschieren in Afghanistan ein. Sie erleben eine verheerende Niederlage.

1878–79 2. Britisch-Afghanischer Krieg, Vertrag von Gandomak: Die Afghanen bestimmen die Innen-, die Briten die Außenpolitik.

12.11.1893 Grenzziehung zwischen Afghanistan und dem damals britischen Indien, die das Volk der Paschtunen spaltet. Eine Hälfte lebt fortan auf einem Teilgebiet von Britisch-Indien, dem späteren Pakistan.

1919 3. Britisch-Afghanischer Krieg, Afghanistan wird unabhängig.

1921 Freundschaftsvertrag mit Russland.

1936 Freundschaftsvertrag mit den USA.

1961 Pakistan schließt die Grenze, um zu verhindern, dass sich Paschtunen in Pakistan und Afghanistan verbünden.

1.10.1964 Neue demokratische Verfassung tritt in Kraft.

1973 Nach einem unblutigen Putsch wird in Afghanistan die Republik ausgerufen.

24.–27.12.1979 Einmarsch der Sowjettruppen in Afghanistan.

1980 Wachsender Widerstand der Mudschahedin gegen die Sowjets. Die USA, Pakistan, China, Ägypten, der Iran und Saudi-Arabien unterstützen die Glaubenskrieger finanziell und mit Waffen.

1986 Die USA statten die Mudschahedin mit Luftabwehrraketen aus.

1993 Die Taliban-Miliz entsteht und erobert im Jahr darauf Kandahar, die zweitgrößte Stadt des Landes.

1996 Die Taliban übernehmen die Kontrolle in der Hauptstadt Kabul. Dort setzen sie strikte islamische Sitten durch.

1998 Die USA feuern als Vergeltung für Terroranschläge auf zwei US-Botschaften in Kenia und Tansania Raketen auf Trainingslager Osama bin Ladens in Afghanistan.

1999 Der UN-Sicherheitsrat verhängt Wirtschaftssanktionen gegen die Taliban, weil sie Osama Bin Laden nicht ausliefern.

9.9.2001 Zwei Selbstmordattentäter ermorden Ahmad Schah Massud, den Militärchef der Nordallianz, die die Taliban bekämpft.

11.9.2001 Selbstmordattentäter zerstören das World Trade Center in New York.

7.10.2001 Bombenangriffe der USA und Großbritanniens gegen Ausbildungslager Osama Bin Ladens und das Taliban-Regime.

November 2001 Sturz der Taliban

20.12.2001 Der UN-Sicherheitsrat erteilt das Mandat zum Einsatz der International Security Assistance Force (ISAF) in Kabul und Umgebung. Die ISAF soll die Sicherheit im Land herstellen und den Wiederaufbau ermöglichen.

22.12.2001 Interimsregierung unter dem Paschtunen Hamid Karsai tritt ihr Amt an.

2003 NATO übernimmt ISAF-Kommando.

7.12.2004 Vereidigung des direkt gewählten Staatspräsidenten Karsai.

Oktober 2006 Die ISAF übernimmt das Kommando in ganz Afghanistan.

2012 Der Abzug der ausländischen Truppenkontingente ist beschlossen.

ab 2014 ???

# Anhang II - Literatur und Quellen

Abu Said, Nasr Hamid: Islam und Politik: Kritik des religiösen Diskurses. Aus dem Arabischen von Chérifa Magdi. dipa-Verlag, Frankfurt am Main 1996, ISBN 3-7638-0335-1.

Bedürftig, Friedemann: Die Grossen Weltreligionen. Fackelträger Verlag, Köln, ISBN 3-7716-4328-7.

Brisant, Jean-Charles / Dasquié Guillaume: Die verbotene Wahrheit. Kendo Verlag, Zürich 2002, ISBN 3-85842-477-3.

Carl von Clausewitz: Vom Kriege. Als Handbuch bearbeitet und mit einem Essay „ Zum Verständnis des Werkes“ herausgegeben von Wolfgang Pickert und Wilhelm Ritter von Schramm, Rowohlt Taschenbuchverlag, 18. Auflage 2010, Hamburg 1963, ISBN978-3-499-45138-6.

Clarke, Richard A.: Zehn Jahre danach. In: Frankfurter Allgemeine Sonntagszeitung, Nr. 9, 6. März 2005.

El Difraoui, Asiem: jihad.de. Stiftung Wissenschaft und Politik, Berlin Februar 2012.

Fehige / Lumer / Wessels (Hrsg.): Handeln mit Bedeutung und Gewalt. mentis Verlag, Paderborn 2009, ISBN 978-3-89785-675-2.

Halbach, Uwe: Afghanistan in der Politik Russlands und Zentralasiens, Stiftung Wissenschaft und Politik, SWP Berlin, S 31, November 2011.

Hirt, Matthias: Angenehm. blumenbar Verlag, München 2007; ISBN 978-3-936738-30-8.

Jelloun, Tahar Ben: Revolte ohne Islamisten. In: DIE ZEIT,Nr. 15, 7. April 2011.

Karmakar, Romuald: Hamburger Lektionen, Film, Deutschland, 2006, 133 min, Farbe, Pantera Film GmbH, Berlin.

Münkler, Herfried: Die Neuen Kriege. Rowohlt Taschenbuch Verlag, Hamburg, 2. Auflage 2005, ISBN 3-449-61653-X.

Polk, William R. : Aufstand – Widerstand gegen Fremdherrschaft vom Amerikanischen

Unabhängigkeitskrieg bis zum Irak. Lizenzausgabe für die Bundeszentrale für politische Bildung, Bonn 2009, ISBN978-3-8389-0019-3.

Priest, Dana / Arkin, William M.: TOP SECRET AMERICA. In: The Washington Post, 19. - 21. Juli 2010.

Rollins, John: Osama bin Laden's Death: Implications and Considerations, Congressional Research Service, 7-5700, R41809, Washington, 5.Mai 2011.

Ross, Jan / Ulrich, Bernd: Sie sind so frei. In: DIE ZEIT Nr. 6, 3. Februar 2011.

Schaap, Fritz: Grundkurs Islamismus. In: Zeitmagazin Nr. 50, 9. Dezember 2010.

Schmidt, Wolf: Jung,deutsch, Taliban, Bundeszentrale für politische Bildung, ISBN 978-3-8389-0279-1.

Sennett, Richard: Handwerk. Berlin Verlag, Berlin 2008, ISBN 978-3-8270-0033-0.

Sloterdijk, Peter: Zorn und Zeit. Suhrkamp Verlag, Frankfurt 2006, ISBN 3-518-41840-8.

Steinberg, Guido: Im Visier von Al-Qaida, edition Körber-Stifung, Hamburg 2009, ISBN 978-3-89684-139-1.

Wagner, Christian: Verpasste Chance für Islamabad. In: Stiftung Wissenschaft und Politik, SWP Berlin, S. 28, Juni 2011.

Würz, Wolfgang: Die Zusammenarbeit der (Bundes-) Sicherheitsbehörden im Phänomenbereich islamistischer Terrorismus. In: Kriminalistik -Unabhängige Zeitschrift für die kriminalistische Wissenschaft und Praxis, 59. J., 2005.

von Oetinger, Bolko / von Ghyczy, Tiha / Bassford, Christopher (Hrsg.): Clausewitz Strategie denken. dtv, München 2003, ISBN 3-423-34033-9.

Zoubairi, Khalid / Würz, Wolfgang: Kampfansage an grundlegende Menschenrechte. In: Polizei-heute, 34. Jahrgang, März/April 2005, S. 34 ff.

**Internet-Quellen**

http://www.internationalepolitik.de/2010/12/27/der-feind-in-unserem-netz/

http://de.wikipedia.org/wiki/Speznas

http://www.nytimes.com/2011/09/01/world/europe/01jihadi.html?pagewanted=1&_r=1&hpw

http://barbaralechner.suite101.de/das-gleichnis-vom-elefanten-und-den-sechs-blinden-a89693

http://www.ourswiss.ch/namaste/Kaleidoskop-bunteWeisheiten/DieBlinden_und_der_Elefa.html

http://www.mgfa.de/html/einsatzunterstuetzung/downloads/meupakistangesamtinternet.pdf

http://www.spiegel.de/flash/0,,23924,00.html

http://www.landesanwaltschaft.bayern.de/documents/5a1449b.pdf

http://dirklaabs.de/Der_Lehrer_des_Terrors.html

http://www.isi.org.pk/index.htm

http://www.notablebiographies.com/news/Ca-Ge/Clarke-Richard.html#b

http://www.welt.de/politik/ausland/article106405037/Barack-Obama-der-Herrscher-ueber-die-Todesliste.html

http://www.enfal.de/hadsch.htm

http://lehrer.schule.at/islam/pilgerfahrt.htm#steinen

http://www.stern.de/investigativ/projekte/terrorismus/ausbildungscamp-mir-ali-die-wiege-des-terrors-1771220.html

http://www.stern.de/investigativ/projekte/terrorismus/christian-ganczarski-osamas-deutscher-general-1769996.html

http://www.heise.de/tp/artikel/37/37309/1.html

http://www.welt.de/politik/article3413625/Im-Swat-Tal-beginnt-die-Talibanisierung-des-Alltags.html

http://www.magazin.trauer.de/totenbr%C3%A4uche-im-islam

http://www.aabacus-bestattungen.de/index.php?option=com_content&view=article&id=68&Itemid=78

http://www.kostenlose-urteile.de/smart.newssearch.htm?sk=8b3d3e8d3a96549812191f6ed2c1fe39&ord=R&mp=2

http://www.fr-online.de/frankfurt/urteil-in-frankfurt-erwartet-raetsel-um-flughafen-attentaeter-arid-u-,1472798,11604224.html

http://www.taz.de/Duesseldorfer-Zelle-vor-Gericht/!97718/

http://www.spiegel.de/spiegel/print/d-20289349.html

http://www.jurablogs.com/de/strafantrag-gba-ii

http://www.rp-online.de/politik/ausland/chronik-schluesseldaten-zu-afghanistan-1.570530

http://www.zeit.de/2012/34/Facebook-Propaganda-Terror

http://www.welt.de/print/die_welt/politik/article108767165/Seine-Strategie-hat-etwas-Gutes-gebracht.html

http://nerd6.fr33bas3.net/2012/08/24/macht-es-juristisch-ueberhaupt-sinn-den-begriff-terrorismus-zu-definieren/

http://www.spiegel.de/spiegel/vorab/bonn-verhandelte-geheim-mit-drahtziehern-des-olympia-attentats-1972-a-852084.html

http://www.theatlantic.com/international/archive/2012/07/counting-afghanistans-dead/260053/

http://icasualties.org/OEF/index.aspx

http://emm.newsexplorer.eu/NewsExplorer/entities/de/4753.html

http://hpd.de/node/14067

# Über den Autor

Wolfgang Würz (*1952) war von 1973 bis 2012 Bundeskriminalbeamter. Seit 1987 beschäftigte er sich in unterschiedlichen Funktionen mit der Analyse von terroristischen Anschlägen. 2003 wurde er mit der Leitung der BKA-Gruppe „Internationaler Islamistischer Terrorismus“ betraut. Heute lebt Wolfgang Würz in Berlin und arbeitet als freier Publizist und kriminalistischer Berater. Er referiert im In- und Ausland über verschiedene Aspekte des Terrorismus.

# Inhalt